Zu diesem Buch

Dieses Buch will nicht aufklären im herkömmlichen Sinne; es ist vielmehr ein Ratgeber, wie es ihn für Erwachsene in zahlreichen Variationen gibt.

Bernd Niemann und Joachim Braun arbeiten als Sexualpädagogen bei den Pro-Familia-Beratungsstellen Bonn und Berlin. In der sexualpädagogischen Gruppenarbeit und in Einzelgesprächen werden die Autoren immer wieder mit Fragen und Unsicherheiten von Jungen zu den Themen Anmache, Liebe und Beziehung konfrontiert. Die Autoren gehen den Ursachen möglicher Hindernisse in Sachen Liebe und Sex auf den Grund, zeigen Lösungswege auf und geben nützliche Tips.

Das Buch richtet sich an Jungen zwischen 14 und 18 und an alle, die sich als Jungen fühlen. Aber auch Vater, Mutter, Freundin, Lehrer und wer sonst noch mit Jungen zu tun hat, ist eingeladen, darin zu stöbern.

Joachim Braun
Bernd Niemann

Coole Kerle, viel Gefühl

Alles über Anmache,
Liebe und Partnerschaft
Für Jungen

Aus der Jugendberatung
der Pro Familia Berlin
Mit Fotos von
Norbert Steinkamp

Rowohlt

Originalausgabe
Veröffentlicht im Rowohlt Taschenbuch
Verlag GmbH, Reinbek bei Hamburg, April 1998
Copyright © 1998 by Rowohlt Taschenbuch
Verlag GmbH, Reinbek bei Hamburg
Lektorat Jürgen Volbeding
Umschlaggestaltung Guido Klütsch
(Foto: Norbert Steinkamp)
Layout Karen Kollmetz / Christina Modi
Gesetzt aus der Frutiger, Monaco und Palatino
auf Apple Macintosh in QuarkXPress 3.32
Gesamtherstellung Clausen & Bosse, Leck
Printed in Germany
ISBN 3 499 60463 9

Inhalt

Mann werden, Mann sein –
wie geht das eigentlich?

11

Streß mit dem Körper

Wenn wir uns selbst
im Wege stehen

17

35

Frauen

Schwul werden,
schwul sein

Liebe und Beziehung

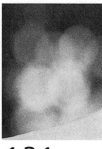

Uns ist aufgefallen, daß Jungen mit ihren Fragen und Problemen rund um Liebe, Beziehung und Sexualität ziemlich allein gelassen werden. Wir nehmen die Sorgen und Ängste ernst, mit denen Jungen zu uns in die PRO FAMILIA kommen.

Viele Jungen haben Streß mit ihrem Körper oder stehen sich selbst mit Schüchternheit und Leistungsdruck bei der Liebe im Wege. Oft hören Jungen dann, sie seien ja noch so jung, sie müßten Geduld haben und viele ihrer Probleme lösten sich mit der Zeit von selbst. Solche Sprüche helfen niemandem und sind außerdem gelogen – sonst gäbe es nicht so viele Ratgeber für Erwachsene.

Dies ist kein Aufklärungsbuch, davon gibt es ja reichlich. Wer noch eins sucht, dem empfehlen wir natürlich unsere eigenen Werke: Joachim Braun und Daniel Kunz: *Weil wir Jungen sind* und Bernd Niemann: *Das Sex-Lexikon.*

Coole Kerle, viel Gefühl soll Jungen helfen, mit Lust und Spaß im Dschungel des Liebeslebens ihren Weg zu finden. Wir haben unsere Erfahrungen aus der sexualpädagogischen Jugendarbeit zusammengenommen und zu allen Themen, die uns für Jungen wichtig erscheinen, Hinweise, Tips und Ratschläge formuliert.

Norbert Steinkamp hat sich die Themen fotografisch vorgenommen und mit Jugendlichen Bilder dazu gemacht.

Joachim Braun, Bernd Niemann, Norbert Steinkamp
Berlin, Bonn, Köln, Oktober 1997

[Mann werden,

Mann sein –

Nur weil er rein äußerlich wie ein Mann aussieht, fühlt sich nicht jeder Mann als solcher. Gerade junge Männer, die in der Pubertät sind oder sie soeben hinter sich gelassen haben, sind oft unsicher, ob sie auch ein richtiger Mann sind. Viele vergleichen sich mit anderen Jungs und Männern und kommen zu dem Ergebnis, daß andere es viel besser draufhaben, als sie selbst.

Andere können peppiger anmachen, sehen kräftiger aus, sind potenter im Bett, haben mehr Freundinnen gehabt, sind nicht so schüchtern und haben nicht soviel Angst, kurzum: andere sind einfach männlicher.

wie geht das eigentlich?]

Die Angst zu versagen

Vielen Jungs geht es so – bloß nicht alle zeigen es auch. Die meisten sind gute Schauspieler und verstecken sich hinter einer Maske. Sie tun so, als hätten sie nie Angst, als wüßten sie immer, wo es langgeht, als wären sie die Stärksten unter der Sonne. Andere kriegen das nicht so hin – ihnen merkt man die Probleme, die Ängstlichkeit, die Unsicherheit an. Jeder geht mit der Angst, nicht männlich genug zu sein, anders um.

Es gibt Männer, die tun so, als würden sie unheimlich viel wissen, weil sie glauben, nur Männer, die viel wissen, sind richtige Männer. Andere geben sich sportlicher, als sie sind, wieder andere prahlen mit Frauengeschichten, die sie in Wirklichkeit nie gehabt haben. Manche Männer würden nie über Gefühle reden, weil das angeblich Frauensache ist. Und dann gibt es Männer, die Frauen unterdrücken und schlagen, weil sie Angst haben, ihre Ehre zu verlieren, wenn die Frau klüger, pfiffiger, redegewandter ist als sie selbst.

Wer Frauen schlägt, hat Angst, unmännlich zu sein

Daß wir als Männer Probleme mit Männlichkeit haben, ist kein Wunder. Es gibt jahrhundertealte Vorstellungen davon, wie sich die Menschen einen richtigen Mann vorstellen: stark, hart, klug – ein Crack eben. Aus Filmen und der Werbung wissen wir, wie wir als Männer zu sein haben: gutaussehend, kräftig und vor allem – in jeder brenzligen Situation einen coolen Spruch auf den Lippen. Nur sind die meisten von uns gar nicht so, sondern ganz normale Durchschnittstypen. Wer das bei sich akzeptiert, ist schon mal einen Schritt weiter.

Männer, die mit ihrem Mannsein keine Probleme haben, fühlen sich gut so, wie sie sind. Ihnen ist es egal, ob sie sportlich sind oder nicht, wie viele Frauen sie kennengelernt haben im Leben, wie schnell ihr Auto fährt, wie lang und dick ihr Schwanz ist. Sie fühlen sich Frauen nicht überlegen – aber auch nicht unterlegen. Sie haben keinen Haß auf Schwule und nutzen ihre körperliche Kraft nicht bei Kindern aus. Sie lassen sich nichts gefallen. Sie setzen sich durch, wenn es sein muß. Sie stehen zu ihren Ängsten, zu ihrer Freundin, zu ihrer Sexualität.

Bis sie sich als Mann wohl fühlen, haben Jungs und Männer einen steinigen Weg vor sich. Das liegt daran, daß viele mit dem Begriff *männlich* nicht klarkommen. Männlich ist für sie das Gegenteil von weiblich – mehr nicht. Männlich würde dann bedeuten, bloß nicht weiblich zu sein. Wenn man einen Mann verletzen will, braucht man ihm nur zu sagen, er sei wie ein Mädchen oder wie eine Frau – und schon hat man ihn am Boden. Bei Frauen und Mädchen ist das nicht so: Wenn man einer Frau unterstellt, sie sei wie ein Mann, dann ist das lange nicht so schlimm. Irgendwie haben wir Männer da eine Macke – und sitzen damit in der Falle.

Auch Männer haben weibliche Seiten

Wir Menschen haben auf der Welt nun mal alles in männlich und weiblich geteilt. Männlich heißt aktiv sein, fordern, hart sein, sich durchsetzen, denken und so weiter; weiblich heißt passiv sein, geben, weich sein, fühlen, nachgeben, behüten, pflegen und so weiter. Das bedeutet nicht, daß Männer und Frauen wirklich so sind – wir sind aber davon überzeugt. In Wirklichkeit sind wir Männer auch traurig, fürchten uns, haben oft das Bedürfnis, uns

jemandem anzuvertrauen, wünschen uns Kinder, haben auch mal keine Lust auf Sex, sind schüchtern, würden uns mal gerne anbaggern lassen, fühlen uns ganz oft schwach und unsicher, und manche von uns begehren andere Jungs und Männer auch sexuell – alles Eigenschaften, die eher Frauen zugeschrieben werden. Doch nirgendwo steht geschrieben, daß nicht ein Mann auch weibliche Anteile haben darf.

Viele Jungen, die ihre weiblichen Seiten in sich nicht wahrhaben wollen, aus Angst, unmännlich zu sein, unterdrücken sich damit selber. Wenn sie zum Beispiel nicht über Gefühle reden können. Dann sind sie schlimm dran – sie können sich anderen nicht mitteilen, weil sie es unmännlich finden, über Gefühle zu reden. Sie brüten vor sich hin, fressen alles in sich hinein und sind sehr einsam mit ihren Problemen. Vielleicht haben sie eine Freundin, doch wenn ihnen etwas stinkt in der Beziehung oder sie etwas bedrückt, schweigen sie wie ein Grab. Damit bleiben sie natürlich innerlich einsam.

Auch viele erwachsene Männer würden nie auf die Idee kommen, mit einem besten Freund (sofern es ihn überhaupt gibt) über ihre Sorgen zu sprechen. Lieber halten sie das Bild vom einsamen Wolf aufrecht und bekommen davon Magengeschwüre und Herzinfarkte oder ertränken ihre Probleme so lange im Alkohol, bis sie krank werden.

Oder nehmen wir mal an, ein Junge, der eigentlich auf Mäd-

chen steht, merkt plötzlich, daß ihm auch Jungen gefallen. Wenn seine Angst vor seiner eigenen Weiblichkeit sehr groß ist, wird er die homosexuelle Seite in sich unterdrücken müssen – und damit geht es ihm auf Dauer sehr schlecht, weil sich Gefühle nun mal nicht so einfach abstellen lassen. Vielleicht entwickelt er sich aber auch zu einem Schwulenfeind, weil er insgeheim Schwule darum beneidet, daß sie das ausleben, was er gerne möchte, aber nicht darf.

Auch Männer haben männliche Seiten

In den letzten Jahrzehnten hat sich zwischen Männern und Frauen einiges geändert. Frauen kämpfen für ihre Gleichberechtigung – und bringen uns Kerle damit ganz schön ins Schleudern. Wir müssen uns anhören, daß wir uns mackerig verhalten, gefühlskalt sind und Frauen unterdrücken. In Beziehungen ist es nicht mehr selbstverständlich, daß Jungs und Männer die Führung übernehmen und bestimmen, wo es langgeht. Girl-Groups verkörpern einen neuen Frauentyp – selbstbewußt, fordernd, sexuell aktiv. Das macht vielen Jungs und Männern angst, weil es sie tief im Inneren verunsichert. Wie sollen wir noch männlich sein, wenn die Frauen jetzt anfangen, ihre Wünsche und Bedürfnisse aktiv einzufordern und gleichzeitig das Verhalten der Männer kritisieren? Sie machen jetzt das, was sonst nur Männer durften – aggressiv sein, fordern, sich nichts gefallen lassen.

Sollen wir dann jetzt die weibliche Rolle übernehmen? Natürlich nicht, dann würde alles nur auf den Kopf gestellt. Es geht auch darum, zu unserer Männlichkeit zu stehen: Es macht eben auch Spaß, sich durchzusetzen und die Führung zu übernehmen. Wir müssen aber damit rechnen, daß wir dann von Frauen schon mal eins auf den Deckel kriegen.

Der Weg ist lang – doch er lohnt sich

Mancher Mann muß sicher noch ein wenig an seiner Männlichkeit ackern, damit es ihm mit sich so richtig gutgeht. Hier ein paar Tips, was du tun kannst:

→ Beachte, daß jeder Mensch ein wenig Mann und ein wenig Frau ist. Es darf auch ein wenig mehr sein.

→ Überlege, welche Eigenschaften und Gefühle du an dir ablehnst, und denk darüber nach, was sie bei dir auslösen.

→ Sind es vielleicht die angeblich weiblichen Eigenschaften und Gefühle, die du nicht an dir dulden kannst?

→ Wenn du sie nicht ertragen kannst, frag dich: warum nicht Und schreibe auf, was du befürchtest.

→ Schau dich in deiner Klasse, bei deinen Freunden um: Wie gehen die anderen mit ihren männlichen und weiblichen Seiten um? Sind sie immer laut und stark oder auch mal unsicher und schüchtern, und stehen sie vielleicht sogar dazu?

→ Such dir ein Vorbild, wie du als Mann sein möchtest – aber bitte jemand, der du auch sein könntest, und nicht so ein abgehobenes Filmidol. Vielleicht jemand aus deiner Klasse oder ein Nachbar oder ...

[Streß mit dem Körper]

Um sich in einer Beziehung und beim Sex wohl zu fühlen, ist es wichtig, daß man seinen eigenen Körper mag. Jungen, die ihren Körper nicht leiden können, sind ständig unsicher, ob ihre Freundin sie auch wirklich will – sofern es eine gibt und sie nicht schon im Vorfeld das Handtuch geschmissen haben. Die einen fühlen sich zu dick, die anderen zu dünn, bei den einen ist der Penis zu klein, bei den anderen der linke Oberarmmuskel zu schwach, und zu allem Überfluß kommen dann auch noch Pickel dazu – es ist nicht immer leicht, seinen Körper toll zu finden.

Streß mit dem Körper widmet sich ganz deiner Hardware: von *Körpergefühl* über die *Muskeln und Sport* bis zu der Frage, wie groß ER denn nun sein muß, kannst du so ziemlich alles finden, was dein Körper braucht, um mit dir glücklich zu sein.

Körpergefühl

In diesem Kapitel wollen wir uns damit befassen, warum es wichtig ist, ein gutes Körpergefühl zu haben, und wie du es schaffen kannst, dich selbst schön zu finden.

Mädchen und Jungs, Frauen und Männer haben unterschiedliche Ansichten darüber, wie sie selbst aussehen sollten. Während viele Mädchen und Frauen sich zu dick finden, nörgeln Jungs und Männer an ihrer Männlichkeit herum: die einen finden sich zu klein geraten; andere denken, sie haben zu wenig Muskeln (besonders an den Armen und an der Brust); dann gibt es die, die ihren Schwanz zu winzig finden; und natürlich ist Diät nicht nur Frauensache: auch einige Jungs und Männer entdecken, daß sie eine Wampe haben oder insgesamt etwas abspecken müßten.

Wenn beim Sex das Licht ausgeht . . .

Moserei über den eigenen Körper kann harmlos sein, sie kann sogar bewirken, daß wir aktiv werden und etwas tun. Sie kann aber auch quälend werden: nämlich dann, wenn wir uns selbst zum Kotzen finden – wenn wir jeden Spiegel meiden, wenn wir beim Sex das Licht ausmachen müssen, wenn wir mit den anderen nicht ins Freibad gehen wollen. Dann wird es höchste Zeit, daß wir etwas ändern – und zwar nicht nur am Körper, sondern auch an unserer Einstellung zu ihm.

Wer seinen Körper nicht mag, mag sich selber nicht

Körpergefühl hat immer etwas mit Selbstbewußtsein zu tun. Menschen, die sich mögen, lieben auch ihren Körper. Menschen, die ständig an sich zweifeln, werden immer irgendwelche Macken an ihrem Körper finden – egal wie sie wirklich aussehen. Da können sie so oft ins Sportstudio rennen, wie sie wollen. Wer also seinen Körper nicht mag, sollte zunächst überprüfen, wie es denn sonst mit der Liebe zu sich selbst steht. Man kann das

Pferd aber auch andersherum aufzäumen. Lerne deinen Körper zu lieben, und du verliebst dich in dich selbst. Doch darüber später.

Die meisten von uns sehen nicht so aus wie im Film

Was wir an uns schön finden und was nicht, hängt auch davon ab, was gerade angesagt ist und wie es uns verkauft wird. Wenn wir in Filmen, in Videos oder in der Werbung all den schönen, muskulösen, braungebrannten Supermännern begegnen, fühlen wir uns schlecht, weil wir vielleicht nicht so aussehen. Die meisten von uns sehen nicht so aus. Das heißt aber nicht, daß wir häßlich sind – nein, wir sind nur anders. Wir haben eben einen kleinen Speckbauch, schmale Schultern oder einen flachen Hintern. Dafür vielleicht ein hübsches Gesicht, kräftige Oberschenkel oder strahlendbraune Augen. Was die Sache aber insgesamt so schlimm macht, ist, daß unsere Helden auf der Leinwand für ihr gutes Aussehen mit Liebe und Sex belohnt werden: In fast jedem

19

Musikvideo wird ein Mann oder eine Frau angeschmachtet, die natürlich alle wunderbar gestylt sind. Wir als Zuschauer verbinden das sofort: Wer schön ist, kriegt was ab – wer häßlich ist, geht leer aus.

Für die erogenen Zonen braucht man ein gutes Körpergefühl

Nun ist es aber so, daß nicht alle Menschen, die nach landläufiger Meinung gut aussehen, auch ein gutes Körpergefühl haben. Körpergefühl hat weniger etwas mit Aussehen zu tun als vielmehr damit, wie wir selbst zu uns stehen. Wenn wir sehr streng mit uns umgehen, jede Falte, jedes Speckröllchen, jeden zu klein geratenen Muskel mit der Lupe überprüfen und jedesmal zu einem vernichtenden Urteil über unseren gesamten Körper kommen, dann können wir der Lust erst mal Lebewohl sagen. Wenn wir beschlossen haben, daß unsere Brustmuskulatur zu wenig ausgebildet ist, und wir nun glauben, uns dafür schämen zu müssen, wird es uns kaum oder gar keinen Spaß machen, wenn uns unsere Freundin an den Brustwarzen herumspielt. Wie schade, denn die gehören zu den erogenen Zonen – genau wie der Bauchnabel, der nicht immer in einen Waschbrettbauch gebettet ist, der After, der sich auch nicht immer an einem Pfirsich-Hintern befindet oder der Schwanz, der genau die Größe hat, die er eben hat.

Check deinen Körper

Was aber können wir tun, um uns in unserem Körper wohl zu fühlen? Zunächst kann es ganz hilfreich sein, herauszufinden, welche Körperzonen dir Lust bereiten, denn auch Männer haben mehr erogene Zonen als nur den Schwanz: Brustwarzen, Ohrläppchen, Hals, Innenseiten der Oberschenkel, Po, ... Probier allein oder mit deiner Freundin oder mit deinem Freund aus, was dir gefällt – du bekommst, dadurch ein freundlicheres Verhältnis zu deinem Körper. Du spürst, was er dir bieten kann – egal, wie er

aussieht. Wenn du deinen Körper allerdings ganz schrecklich findest, wirst du wahrscheinlich niemanden an ihn heranlassen.
Dann solltest du dich zunächst selbst besser behandeln.

Um ein angenehmes Körpergefühl zu bekommen, sollten wir
unseren Körper richtig einschätzen können. Dazu sollten wir
überprüfen, was an unserem Körper schön ist, was weniger schön
ist und was wir überhaupt nicht wollen. Dazu kann es ganz hilfreich sein, sich vor einen großen Spiegel zu postieren und all die
Körperstellen aufzuschreiben, die dir gefallen, und die, die dir
nicht gefallen. Also zum Beispiel: Nase viel zu groß, Bauchnabel
grottenhäßlich, Adamsapfel männlich hervorstehend, Brust wie
Hähnchen und so weiter. Damit bekommst du eine Übersicht.
Vielleicht entdeckst du, daß du deinen Körper eigentlich ganz
o.k. findest und daß dich nur der Pickel am rechten inneren Oberschenkel nervt. Manchmal ist es so, daß wir eine Stelle am Körper
nicht mögen und deshalb den ganzen Körper in die Verbannung
schicken. Es kann natürlich auch sein, daß dir vieles nicht gefällt –

aber egal, schreib erst mal alles auf. Wenn du die Liste vor dir liegen hast, dann bewerte sie zunächst als Ganzes: Gibt es mehr positive oder mehr negative Eindrücke? Überprüfe noch mal die negativen Eindrücke: Sind sie wirklich negativ, oder bilde ich mir das nur ein?

Wer seinen Körper liebt, wirkt erotisch auf andere

Wenn du das alles klar und säuberlich getrennt hast und dein Urteil feststeht, dann kannst du in Aktion treten. Zunächst wirst du bemerken, daß nicht dein gesamter Körper zum Weglaufen ist, sondern bestimmte Stellen. Einige Dinge am Körper kann man ändern, einige auch nicht. Arme kann man so lange trainieren, bis sie kräftig aussehen, ebenso die Brust oder die Beine. Fett kann man abbauen. Aber den gesamten Körperbau kann man nicht ändern. Wenn du eher ein schlanker Typ bist, dann bist du es eben, auch wenn du lieber athletisch wärst. Wenn du körperliche Erkrankungen oder Behinderungen hast, dann kannst du sie womöglich nicht wegbekommen. Doch jetzt geht die Arbeit an dir eigentlich erst richtig los: Wenn wir unseren Körper auch an einigen Stellen verändern können, bleibt er doch in seiner Grundstruktur derselbe. Wir müssen lernen, ihn so zu akzeptieren, wie er ist. Menschen, die mit ihrem Körper Lust erleben, strahlen das aus. Dadurch machen sie körperliche Mängel wett – sie haben eine erotische Wirkung auf andere.

Und noch ein Tip für Profis

Das heißt aber nicht, daß du dich auf Teufel komm raus nackt präsentieren sollst, wenn dir gar nicht danach ist. Ganz im Gegenteil: Der Weg dahin, sich im eigenen Körper wohl zu fühlen, ist lang. Wenn du dich für einige Stellen an deinem Körper schämst, dann solltest du das ernst nehmen – du mußt diese Stellen niemandem zeigen, weder im Schwimmbad noch beim Sex. Doch dir sollte auch klar sein, daß es darum geht, die ungeliebten

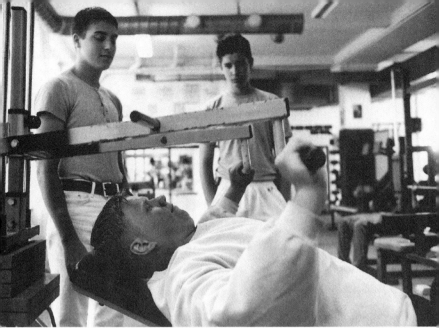

Körperzonen vielleicht nicht gerade zu lieben, aber doch milder zu bewerten. Und für Fortgeschrittene jetzt noch ein Tip: Wenn du ganz mutig geworden bist, dann frag gute Freunde, wie sie deinen Körper finden. Aber mache nicht wieder den gleichen Fehler wie mit dir selbst: Frag nicht insgesamt: «Wie findest du meinen Körper?», weil dann kriegst du vielleicht ein «zu fett» oder «zu dünn» oder «zu wenig Muskeln». Frag ganz genau nach deinem Gesicht, deiner Brust, deinem Bauch, deinen Beinen … Aber, wie gesagt, das erfordert großen Mut, weil du auch Antworten bekommen kannst, die dir nicht passen.

Muskeln und Sport

Viele Jungs glauben also, Muskeln seien für ein gutes Selbstbewußtsein wichtig.

Was kann man tun, um Muskeln zu bekommen, was geht nicht und vor allem auch, welche Sportarten gibt es sonst noch, die zwar keinen Bärenkörper machen, aber dennoch interessant sind? Aber fangen wir mit den Muskeln an.

Jeder Körper ist anders gebaut

Zunächst ist es so, daß nicht jeder Junge die gleichen körperlichen Voraussetzungen für einen muskulösen Körper mitbringt. Das ist alles auch eine Frage der Gene – nicht jeder ist von Natur aus kräftig, nicht jeder hat den gleichen Knochenbau. Es gibt schlanke Männer mit wenig ausgeprägter Muskulatur oder solche, die zwar drahtig sind, deren Körper aber nicht sonderlich in die Breite geht. Dann gibt es Männer, die neigen zu Übergewicht, haben aber eine sehr kräftige Muskulatur – sie ist nur nicht sichtbar. Andere wiederum haben genau den Körper, wie ihn sich jedermann wünscht: breite Schultern, kräftige Oberarme, schlanke Taille, muskulöse Beine. Schau dich in deiner Klasse um, und du wirst sehen: jeder Junge ist anders gebaut. Es leuchtet ein, daß ein schlanker, wenig muskulöser Junge mehr ackern muß, um wie ein Bodybär auszusehen, als jemand, der ohnehin breiter gebaut ist – wobei die Frage ist, ob ein sehr schlanker Junge oder Mann jemals wie Schwarzenegger aussehen wird (muß er das?). Den jeweiligen Körpertyp, also ob man kräftig, dick oder schmal ist, kann man nicht ändern.

Unter dem Fett sitzen Muskeln

Aber man kann seinen Körper formen. Man kann die Muskulatur kräftigen, um mehr Körperspannung zu haben und um die Muskelmasse zu vergrößern; und man kann Konditionssport machen (Jogging, Aerobic, Fahrrad fahren ...), um Fett abzubauen. Muskelkräftigung plus Fettabbau – das ist ideal, denn dort wo wenig Fett ist, können Muskeln sichtbar werden.

Um gut auszusehen, rennen Jungs und Männer in die Sportstudios, stemmen Freihanteln, bearbeiten Maschinen. Doch Jugendliche sollten damit vorsichtig sein. Bevor der Wachstumsprozeß nicht einigermaßen abgeschlossen ist – also bis nach der Pubertät –, solltest du nicht soviel Gewichte stemmen, weil das dein Wachstum hemmen kann. Auf jeden Fall solltest du *nur* unter Anleitung eines Trainers trainieren. Und dann ist es wichtig, nicht nur den vorderen Oberkörper wie Brust und Bauch zu bearbeiten, sondern immer auch die entgegengesetzten Muskeln am Rücken – sonst entstehen Haltungsschäden. Viele denken nämlich, Hauptsache Brust und Bauch sehen gut aus, und dann rennen sie wie Quasimodo durch die Gegend – Schultern nach vorne, krummer Rücken. Ganz schlecht sind auch Hormonpillen. Wer soweit ist, daß er sich den ganzen Kram reinschmeißt, nur um mehr Muskeln zu haben, der sollte ernsthaft sein Verhältnis zu seinem Körper überprüfen. (Stichwort: Minderwertigkeitskomplex!) Hormone können nämlich böse Nebenwirkungen haben – Gereiztheit, Depressionen, Akne …

Hormone sind gefährlich

Was du aber tun kannst: Eiweiß, in vernünftiger Menge kurz nach dem Training, hilft auch, Muskeln aufzubauen, und ist nicht schädlich.

Sport an den Geräten im Fitneß-Studio ist sehr effektiv, was den Muskelaufbau betrifft – aber nur wenigen macht es über einen längeren Zeitraum Freude. Das liegt daran, daß Ganzkör-

perbewegung, Gruppengefühl und Wettkampf fehlen. Andere Sportarten haben das: Ballspiele zum Beispiel wie Fußball, Basketball oder Volleyball führen zwar nicht zu Muskelpaketen, sie steigern aber das Lebensgefühl, weil man sich auspowern kann. Außerdem kann man dort Freunde kennenlernen. Ganz gut im Kommen sind die Erlebnissportarten, wie Inline-Skating und so weiter. Aber es gibt noch mehr: Schwimmen, Leichtathletik, Streetball, Streetdance und die Kampfsportarten, bei denen man sehr gut Wut rauslassen kann und lernt, sich selbst zu verteidigen.

Sport kann die Beziehung retten

Aber wozu das Ganze eigentlich? Und was hat das alles mit Liebe und Beziehung zu tun?

→ Sport ist eine gute Möglichkeit, aufgestauten Ärger und Frust loszuwerden. Menschen, die sich auspowern, merken oft beim Sport, daß sie für irgendein Problem plötzlich eine Lösung finden. Was gestern noch wie eine Katastrophe aussah, ist beim Sport oder kurz danach auf einmal gar nicht mehr so schlimm. Das liegt daran, daß wir durch Körperbewegungen auch Aggressionen rauslassen können. Menschen, die regelmäßig Sport treiben, sind insgesamt ausgeglichener als andere, weil sie ein Ventil für ihren Ärger und Frust haben – die Freundin wird sich bedanken.

→ Wer Sport treibt, fühlt sich köperlich fitter. Dadurch, daß unsere Muskeln regelmäßig beansprucht werden – egal durch welchen Sport –, haben wir ein besseres Körpergefühl, als wenn wir nur rauchend und grübelnd auf der Couch hin und her rutschen. Unser Körper ist besser durchblutet, sieht besser und gesünder aus. Sport gibt uns mehr körperliches Wohlbefinden – und das ist bei der Anmache, beim Kennenlernen und beim Sex nun mal wichtig.

→ Sportarten, die man zu zweit oder zu mehreren macht, schaffen Kontakte. Man hat dort Freunde, mit denen man gemeinsam etwas unternimmt – das verbindet. Jungs, die neben ihrer Beziehung noch mit anderen in Kontakt sind, fallen ihrer Freundin

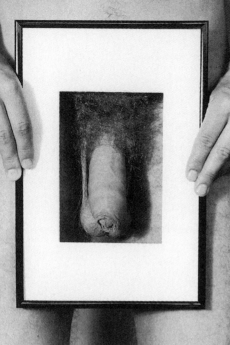

nicht so schnell auf die Nerven: sie sind unabhängiger. Das macht interessant. Manche Jungs würden gern Sport treiben, trauen sich aber nicht, weil sie denken, sie seien unsportlich. Das ist sehr schade, denn irgendeine Sportart liegt jedem Menschen. Nimm dir Zeit, deinen Sport zu finden, und laß dich nicht von anderen beeinflussen. Nicht alle mögen Fußball, und nicht jeder ist ein Sprinter. Das heißt noch lange nicht, daß du unsportlich bist.

Schwanz

… manche sagen auch Penis dazu oder Glied oder Pimmel. Die meisten Jungs sprechen aber vom Schwanz oder denken zumindest dieses Wort, und deshalb nennen wir ihn auch so.

Der Schwanz macht uns viel Freude – die Eichel ist die empfindsamste Stelle am männlichen Körper. Doch es gibt wohl kein anderes Körperteil, über das sich Jungen so viel Gedanken und Sorgen machen. Eine große Sorge ist, ob er groß genug ist. Sehr viel Jungen und Männer glauben, daß ihr Schwanz kleiner ist als normal, und befürchten deshalb, er könnte nicht ausreichen, um befriedigenden Sex damit zu haben.

Facts und Zahlen

Aber bevor wir uns sorgen, schauen wir uns erst mal ein paar Fakten über das beste Stück des Mannes an.

Der steife Schwanz eines erwachsenen Mannes ist – an der Oberseite vom Körper bis zur Spitze gemessen – durchschnittlich 13 bis 15 Zentimeter lang. Weniger als zehn Prozent aller Männer haben einen Schwanz, der wesentlich länger oder kürzer ist. Im schlaffen Zustand sind die Unterschiede allerdings sehr viel größer: einige werden zwar schlaff, aber kaum kleiner – andere schrumpfen auf weniger als die Hälfte zusammen. Die Größe ist auch abhängig von der Temperatur: im kalten Wasser ist er kleiner als in der Sauna. Überhaupt keinen Zusammenhang gibt es zwischen der Körpergröße oder der Größe bestimmter Körperteile wie Nase, Hände, Beine einerseits und der Schwanzgröße andererseits.

Ob und wieviel Vorhaut die Eichel bedeckt, ist auch verschieden. Bei Moslems und Juden wird die Vorhaut aus religiösen Gründen abgeschnitten. In den USA macht man es, weil es dann einfacher ist, den Schwanz sauberzuhalten. In Deutschland wird die Vorhaut normalerweise nur beschnitten, wenn sie zu eng ist, um sie über die Eichel zurückzuziehen. Über die Frage, ob ein Schwanz mit oder ohne Vorhaut schöner ist, kann man sich streiten. Für die Funktion spielt es keine Rolle. Manche Leute behaupten zwar, daß beschnittene Männer länger können, weil die Eichel weniger empfindlich ist. Dafür gibt es aber keine eindeutigen Beweise.

Großer Schwanz – starker Mann! Kleiner Schwanz – ???!!!

Schwänze sind so verschieden wie die Jungen, an denen sie baumeln. Jedoch ist es nun mal immer und überall ein wichtiges Thema für Jungen und Männer, daß der Schwanz groß sein sollte. Natürlich ist es nicht der Schwanz allein, der uns zu Männern macht – aber er ist ein sehr wichtiger Körperteil für jeden von uns. Wir müssen ein Leben lang mit ihm auskommen, daher sollten wir ein gutes Verhältnis zu ihm haben – egal ob er zehn, fünfzehn oder zwanzig Zentimeter lang ist. Denn die Sache mit der Größe hängt auch mit Selbstbewußtsein zusammen. Es scheint, daß ein Mann sich mit einem großen Schwanz auch sonst groß vorkommen kann. Viele Männer sind stolz, wenn sie besonders gut ausgestattet sind. Aber: deshalb sind sie noch lange keine besseren Männer als andere.

Wer von der Natur mit wenig Schwanz ausgerüstet wurde, kann sich manchmal unzureichend und unterlegen fühlen. Manche versuchen, das auszugleichen, indem sie sich viele Muskeln antrainieren oder ein dickes Auto fahren. Das ist natürlich eine Möglichkeit. Aber ein besseres Gefühl zu seinem Schwanz bekommt man dadurch nicht. In so einem Fall wäre es besser, sich anders mit dem Schwanz zu beschäftigen. Was macht ihm Spaß, wo fühlt er sich besonders gut an, wann will er, wann will er nicht? Denn wenn wir entdecken, daß er schön ist und wieviel Spaß wir mit ihm haben können, tun wir viel für unser Selbstwertgefühl.

Was Mädchen über Schwänze denken . . .

Jungen piesacken sich oft untereinander mit der Schwanzgröße und werfen sich vor, einen kleinen Schwanz zu haben. Das kann einen umhauen – besonders dann, wenn jemand wirklich einen kleinen Schwanz hat und darunter leidet. Jedoch ist es so, daß die Spötter damit meist von eigenen Schwächen ablenken wollen. Du solltest dir dann überlegen, welche eigenen Probleme so ein Spinner verstecken muß. Vielleicht kannst du ihm das bei passender Gelegenheit zu verstehen geben und ihn damit zum Schweigen bringen. Aber insgesamt machen wir uns viel zuviel Gedanken und Sorgen um die richtige Größe. Mädchen sehen das zum Glück viel gelassener. Fast alle Mädchen, die man fragt, sagen, daß es für sie keinen Zusammenhang gibt zwischen der Schwanzgröße und dem Spaß, den sie beim Sex mit einem Jungen haben. Die Scheide ist elastisch und kann sich an jede Größe anpassen. Und auch der weibliche Orgasmus hängt nicht von der Schwanzlänge ab, weil der Kitzler außerhalb der Scheide liegt. Trotzdem hält sich unter Jungen hartnäckig das Gerücht, ein

Mann sei ein um so besserer Liebhaber, je größer der Schwanz ist. Die meisten versuchen erst gar nicht herauszufinden, was Mädchen wirklich über dieses Thema denken. Mancher Junge fürchtet sich so sehr davor, von Mädchen ausgelacht und abgelehnt zu werden, weil seine Ausstattung nicht reicht, daß er sich gar nicht erst traut, überhaupt mit einem Mädchen intim zu werden. Im Kapitel *Frauen* haben wir aufgeschrieben, was für Mädchen zur Befriedigung wichtig ist beim Sex. Nicht auf die Größe des Schwanzes kommt es an, sondern vor allem darauf, was du mit ihm anstellst.

Meiner ist kleiner als deiner

Jungen lassen normalerweise kaum eine Gelegenheit aus, ihre Schwänze miteinander zu vergleichen. Das geschieht aber fast immer heimlich und verstohlen – in Umkleideräumen, Saunen, Schwimmbädern und an Nacktbadestränden. Zu der Angst, daß man bei dem heimlichen Maßnehmen schlecht wegkommt, kommt meist auch noch die Sorge, der Blick könnte bemerkt werden. Dann hält der andere einen womöglich für schwul. Denn jemand, der sich für andere Schwänze interessiert, muß doch

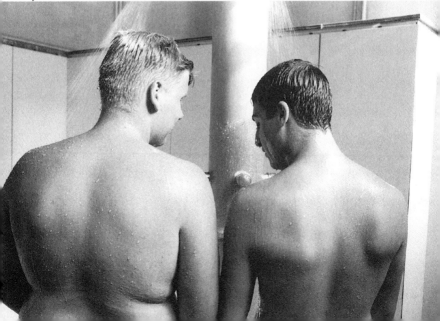

wohl schwul sein, oder? – Unsinn! – Alle Männer, egal ob schwul oder nicht, sind neugierig, wie es beim anderen aussieht. Nur traut sich eben kaum jemand, das auch offen zu zeigen. Deshalb wissen Jungen häufig nur aus Pornofilmen, wie die steifen Schwänze anderer Männer aussehen. Und für solche Filme werden eben immer Männer mit besonders großen Schwänzen ausgesucht. Oft wirken die außerdem auf dem Bildschirm durch die Kameraperspektive größer als in Wirklichkeit. Wenn du dich damit vergleichst, ist die Wahrscheinlichkeit, daß du dich minderwertig fühlst, ziemlich groß.

Schwule Schwänze

Schwule haben es im allgemeinen leichter mit den Schwanzvergleichen, weil sie im Laufe ihres Lebens andere Schwänze wesentlich genauer kennenlernen. Das heißt jedoch nicht, daß sie deswegen besser mit Schwanzgrößen umgehen können. Einige machen sogar eine Art Kult daraus: sie suchen ihre Partner nur noch nach Schwanzgröße aus. Daß dabei dann glückliche Partnerschaften entstehen, ist eher unwahrscheinlich.

... schaut man sich das von oben an, ist's nur ein kleiner Pullermann

Wenn man von oben auf einen Schwanz schaut, wirkt er kleiner, als wenn man ihn von vorne betrachtet. Das ist einer der Gründe, warum so viele Jungen denken, bei allen anderen wäre er größer. Wenn du ein richtiges Bild von deinem Schwanz haben willst, solltest du ihn dir erst mal in einem großen Spiegel anschauen. Wahrscheinlich wirst du feststellen, daß er sich gar nicht sehr von denen anderer Jungen unterscheidet, die du sonst immer aus dieser Perspektive siehst.

Das ist vielleicht auch eine Gelegenheit, dir deinen Schwanz und das Drumherum mal genauer anzuschauen. Wenn du ihn gerade aus einer engen Unterhose herausgepellt hast, ist er wahrscheinlich ein bißchen zusammengedrückt und braucht einen

Moment, um sich zu entfalten. Wenn du gerade aus der warmen Badewanne gestiegen bist, ist die Haut vom Hodensack schlaff und die Hoden hängen tiefer – dann sieht er gleich ein bißchen größer aus. Andererseits: wenn sich der Hodensack bei Kälte oder Angst verkleinert, wird der Schwanz mit zusammengezogen. Na ja, und was passiert, wenn du an deinem Schwanz rumspielst, das weißt du selber. Möglicherweise fällt dir auch auf, daß er im schlaffen Zustand ein bißchen versteckt wird, weil die Schamhaare ihn verdecken. Wenn du dir die Haare oberhalb vom Schwanz ein wenig kürzer schneidest, sieht man ihn besser. Zeig, was du hast! Vielleicht ist das genau der Effekt, den du gebraucht hast, um unter öffentlichen Duschen keine Angst mehr vor blöden Bemerkungen zu haben.

Wenn er zu klein ist: Schwanz-OP?

Bleibt abschließend noch die Frage zu klären, ob man ihn denn größer machen kann, wenn es denn sein soll. Auch wenn Fernsehen und Zeitschriften immer mal wieder Geschichten in die Welt setzen – man kann einen Schwanz nicht vergrößern! Da er kein Muskel ist, kann man ihn auch nicht durch irgendein Training zum Wachsen bringen. Auch Vakuumpumpen und Streckgeräte, die in Sexshops für ziemlich viel Geld verkauft werden, sind völlig nutzlos. Irgendwer wird jetzt schon Papier und Stift genommen haben, um uns zu schreiben, daß man ihn aber operieren kann. Stimmt! Der Spaß kostet ungefähr soviel wie ein Kleinwagen und muß selbst bezahlt werden. Bevor du jetzt anfängst, dein Taschengeld zu sparen, noch ein Hinweis dazu. Auch bei dieser teuren Operation wird der Schwanz nicht wirklich größer gemacht. Er wird lediglich ein bißchen weiter aus dem Körper herausgezogen. Wenn er schlaff ist hängt er dann vielleicht 2 oder 3 cm länger herunter, im steifen Zustand hat er aber immer noch das gleiche Format wie vorher.

[Wenn wir uns selbst

Manchmal ist es wie verhext. Wir wollen etwas erreichen, aber irgendwie klappt es nicht. Vielleicht sind wir zu schüchtern, ein Mädchen anzusprechen, das uns gefällt. Oder wir geraten im Bett unter Streß, obwohl wir doch gerade da glänzen wollten. Oder aber wir könnten platzen vor Wut, bringen aber keinen Piep hervor. Mit anderen Worten: wir stellen uns selber ein Bein.

[im Wege stehen]

Angst

Angst gehört neben Wut, Freude, Liebe und Trauer zu den Grundgefühlen des Menschen. Wir haben Angst *vor* etwas – Löwen, Schlangen, Zahnärzten; wir haben Angst, *etwas zu tun* – vom Zehn-Meter-Brett zu springen, die Traumfrau anzubaggern, mit unserem besten Freund zu streiten. Manchmal erscheint die Angst aber nur als ein dumpfes Gefühl im Magen, und wir wissen gar nicht, auf was oder auf wen sie sich bezieht.

Obwohl wir die Angst gerne auslöschen würden, weil sie ein unangenehmes Gefühl ist, hat es keinen Zweck, sich gegen sie zu wehren. Denn wenn Angst auftritt, schlägt die Seele Alarm. Angst zeigt uns, daß wir in Gefahr sind, daß wir uns schützen müssen. Wenn uns jemand angreifen will, bekommen wir Angst und entscheiden sekundenschnell, ob wir den Kampf aufnehmen oder ob wir besser die Flucht ergreifen. Wenn die Wellen im Meer zu hoch werden, gehen wir lieber nicht ins Wasser – ohne Angst würden wir unser Leben wahrscheinlich nicht unbeschadet überstehen.

Zuviel Angst ist lästig

Nun ist es aber in vielen Fällen so, daß uns die Angst mehr schadet als nützt. Daß sie uns daran hindert, uns so verhalten zu können, wie wir es eigentlich möchten. Dann erleben wir Angst als lästiges Hindernis, das wir lieber heute als morgen aus dem Weg räumen möchten.

Doch das geht leider nicht – aus gutem Grund, denn wir brauchen weiterhin ihren Schutz. Wenn wir zu schüchtern sind, die Traumfrau ins Kino einzuladen, dann schützen wir uns vor einer Abfuhr und einer Enttäuschung. Wenn wir lieber wie ein Mäuschen in der Ecke sitzen, statt unsere Meinung zu sagen, schützen wir uns davor, kritisiert und angegriffen zu werden. Wenn wir lieber in unserem Zimmer hocken, statt Kontakte zu knüpfen, schützen wir uns vor allen bösen Folgen, die Kontakte nun mal so

mit sich bringen können. Streit, Liebeskummer, Enttäuschungen, ausgelacht werden, eins auf die Mütze kriegen. So weit, so gut – doch leider ist es manchmal zuviel des Schutzes. Dann hindert uns die Angst gleichzeitig an den schönen Dingen des Lebens, nämlich an einem prickelnden Kinoabend mit der Traumfrau und alle dem, was da noch dranhängt. Angst kann also ein zweischneidiges Schwert sein. Wer gar keinen Respekt vor dem Meer hat, könnte ertrinken, weil er die Gefahren unterschätzt – wer zuviel Angst hat, der verpaßt die schönen Sommertage am Strand.

Angst und Lust vertragen sich schlecht

Wer zuviel Angst hat, dem wird die Lust vermiest. Viele Jungen, die noch keinen Sex hatten, haben Angst vor Sex. Sie befürchten, es nicht zu bringen und von der Freundin ausgelacht oder verlassen zu werden. Andere haben Angst, daß ihre Freundin mit ihren Freundinnen auf dem Schulhof über die gemeinsame Liebesnacht herzieht.

Solche Ängste verschwinden schnell, wenn Jungen die erste Beziehung eingehen und allmählich Vertrauen zur Freundin finden. Bei manchen aber sitzen die Ängste tiefer. Sie haben so sehr Angst vor Zurückweisung und Enttäuschung, daß sie mit keinem Mädchen gehen und auch keine sexuelle Begegnung möchten. Sie bleiben lieber alleine, statt sich dem Risiko einer Partnerschaft oder eines Abenteuers mit allen möglichen Folgen zu stellen. Leider ist dieser Weg eine Sackgasse. Er schützt zwar perfekt vor Enttäuschungen, aber er hat zwei unangenehme Begleiter. Einsamkeit und Langeweile. Was also tun?

Wer seine Angst kennt und danach lebt, ist mutig

Das Gegenteil von Angst ist Mut. Und etwas Mut ist mindestens erforderlich, wenn wir nicht auf der Außenseiterbank enden wollen. Doch das ist leichter gesagt als getan. Wie bekommt man Mut, wenn die Ängste überwiegen? Um die Frage zu beantworten, müssen wir zunächst mal etwas ausholen, denn wenn sich irgend etwas nicht miteinander verträgt, dann sind das Jungen und Angst. Als Männer haben wir schon früh gelernt, Angst zu vermeiden, weil Angst unmännlich ist (glauben wir jedenfalls). Wir sind cool, witzig, frech, stark, beschützen unsere Geschwister, baggern wie blöde, haben immer den richtigen Spruch im richtigen Augenblick. Angst haben wir höchstens dann, wenn uns ein Grizzlybär von hinten anfällt, und selbst dann müßten wir eigentlich noch in der Lage sein, uns zu wehren. Nun ist es aber leider so, daß sich Angst nicht wegreden läßt. Wir müssen uns ihr stellen, ob wir wollen oder nicht. Anders finden wir nicht den Weg zum Mut. Mutig ist nicht der, der *ohne* Angst seine Sachen anpackt, sondern der *trotz* der Angst Dinge tut, die ihm unbehaglich sind. Wir müssen lernen, mit der Angst zu leben, indem wir sie akzeptieren und dennoch die Dinge tun, vor denen wir eigentlich Angst haben. Wir sollten die Angst beherrschen, aber

nicht die Angst uns. Wenn wir es heute noch nicht schaffen – kein Problem. Wir haben ein Leben lang Zeit. Mit jeder Chance, der wir uns stellen, können wir mutiger werden und die Angst unter Kontrolle halten. Wer seiner Freundin gesteht, daß es für ihn das erste Mal ist und er Angst hat, es nicht zu bringen, dann ist derjenige mutig. Der, der seine Traumfrau endlich ins Kino einlädt, auch wenn er dabei stottern muß, ist mutig.

Die beste Medizin gegen Angst ...

Mädchen und Frauen haben es da etwas einfacher: Sie haben zwar genausoviel Angst wie Jungen und Männer, aber sie können es besser zeigen. Es gibt nämlich ein gutes Rezept, wie man mit Ängsten ganz gut leben kann: darüber reden. Anderen geht es manchmal genauso, und du wirst sehen, das hilft garantiert. Gut ist es auch, mit der Freundin über die eigenen Ängste zu reden. In vielen Fällen vertieft das sogar die Beziehung.

Wenn du allerdings das Gefühl hast, daß du Hilfe brauchst, solltest du dir helfen lassen. Manche Menschen stehen immer und immer wieder vor den gleichen Problemen – und das über Jahre hinweg. Dann kann es ganz gut sein, wenn sich jemand (dein Freund, ein Arzt oder ein Berater) das mal anhört. Ob und wann der Zeitpunkt für eine Beratung gekommen ist, solltest du ganz nach Gefühl entscheiden; aber trau dich, sie in Anspruch zu nehmen, wenn es anliegt.

Schüchternheit

Schüchternheit ist ein weitverbreitetes Leiden unter Jungs. Schüchtern sein heißt, daß man sich nicht traut, ein Mädchen, das einem gefällt, anzusprechen oder mit ihm zu flirten. Es gibt auch Jungen, die im allgemeinen sehr schüchtern sind und Schwierigkeiten haben, überhaupt mit Menschen umzugehen. Wer schüchtern ist, will eigentlich und hat Angst, es zu tun.

Schüchternheit hat auch ein bißchen was mit Scham zu tun. Wer schüchtern ist, schämt sich für das, was er will und was er ist. Ein schüchterner Junge, der ein Mädchen reizvoll findet, schämt sich für seinen Wunsch und ist sich obendrein unsicher, ob sie ihn so nehmen würde, wie er ist.

Die meisten Jungen sind schüchtern

Jungs, die schüchtern sind, glauben immer, nur ihnen selbst gehe es so. Alle anderen um sie herum seien cool, frech, Aufreißer ... Deshalb besteht die typische Lösung vieler Jungen darin, Schüchternheit hinter einer supercoolen Maske zu verstecken. Das funktioniert tatsächlich oft – keiner merkt, daß wir eigentlich schüchtern sind. Aber allein bleiben wir damit trotzdem.

In unsere Beratungsstellen kommen oft Schulklassen. Wenn die Stimmung dann ein bißchen vertrauter wird und wir die Jungen fragen, wer sich selbst als schüchtern einstuft, heben die meisten – wenn nicht alle – den Arm. Wenn wir dann noch fragen, wer das bei sich selbst denn schlimm findet, heben auch alle den Arm. Genau hier schlummert das Problem und gleichzeitig die

Lösung: Wenn wir uns für unsere Schüchternheit ablehnen, dann lehnen wir uns insgesamt ab – was die Schüchternheit nur verstärkt. Wenn wir dagegen aufhören, uns selbst zu verurteilen, kann es uns bessergehen – und wer weiß, vielleicht ist die Schüchternheit irgendwann verschwunden, und wir haben es gar nicht gemerkt.

Roter Kopf, stottern, Blödsinn reden – wer schüchtern ist, lebt gefährlich

Schüchternheit ist – genau wie Scham – eine Angst, die uns schützt. Wer schüchtern ist, schützt sich davor, eins auf den Deckel zu kriegen. Menschen, die immer gleich sagen, was sie wollen, werden manchmal auch hart zurückgewiesen – und das muß man erst mal abkönnen. Da das die meisten nicht möchten, halten sie sich lieber zurück – sie sind eben schüchtern.

Manche schaffen es, trotz ihrer Schüchternheit ein Mädchen anzuquatschen. Man tut es, obwohl man Angst hat. Und so was ist dann schon ganz schön mutig.

Wenn du weißt, wie sich deine Schüchternheit bei dir bemerkbar macht, dann kannst du vielleicht besser damit umgehen. Wie gesagt, einige werden rot oder stottern. Andere reden besonders viel oder machen dumme Witze. Einigen verschlägt es gar ganz die Sprache, und sie verwandeln sich in einen wenig aufregenden, grauen Stein. Wieder andere zeigen sich besonders uninteressiert: Sie sprechen mit allen, flirten mit allen – nur nicht mit IHR.

Alter schützt vor Schüchternheit nicht

Doch das alles hat auch etwas mit Übung zu tun. Je öfter du Situationen meisterst, die dir eigentlich angst machen, desto sicherer wirst du bei anderen Jungen oder Mädchen. Im Laufe des Lebens läßt die Schüchternheit bei den meisten Menschen sowieso nach. Aber ein bißchen wird immer bleiben. Wenn wir einen anderen Menschen aufregend finden, dann schlägt das

Herz nun mal schneller, wir werden nervös oder bekommen vielleicht einen roten Kopf. So was wird nie vergehen – und es wäre auch schade drum. Schüchterne Jungen ahnen oft gar nicht, daß ihre tolpatschige Art ganz charmant sein kann – wenn sie dazu stehen und sie nicht dauernd versuchen zu überspielen. Manches Mauerblümchen hat auf seine schüchterne Art schon Mädchenherzen erobert ...

Scham und Peinlichkeit

Jungen, die gerade in die Pubertät kommen, haben nächtliche Samenergüsse oder die sogenannten «feuchten Träume». Das ist ganz normal und kommt daher, daß sich Spermien bilden, die noch nicht durch Selbstbefriedigung oder Sex nach außen gelangen. Wenn man Jungen, die sich in dem Alter befinden, fragt, ob sie schon feuchte Träume haben, reagieren sie oft unangenehm berührt. Sie kichern, werden rot, geben keine Antwort – zu deutsch: sie schämen sich. Sie schämen sich für etwas, das ihnen sehr viel Lust und Freude bereitet – für ihre Sexualität.

Wer sich schämt, will etwas von sich nicht zeigen

Scham ist die Angst, sich zu blamieren, die Angst, ausgelacht zu werden. Aber gehen wir noch ein Stück weiter: Hinter der Angst, ausgelacht zu werden, steckt die Angst, sich zu zeigen. Wenn wir uns schämen, dann wollen wir nicht, daß andere wissen, was wir wirklich denken, was wir wirklich fühlen, wie wir wirklich sind. Wenn es dann doch jemand erahnt, bekommen wir einen roten Kopf, der uns, wenn wir Pech haben, entlarven kann.

Manche schämen sich für ihre Lust

Es gibt viele Dinge, für die sich Menschen schämen: für den Körper, für die sexuellen Phantasien, für die Freundin, für die Kleidung, für das Auto der Eltern, für die Schulnoten, für das Alter ... Manchmal schämen wir uns auch für unsere Lust. Dann geben wir nicht zu, daß wir einen bestimmten Menschen sehr anziehend finden. Wir erröten, wenn uns jemand darauf anspricht. Manchen ist es peinlich, über ihre sexuellen Vorlieben zu sprechen – andere schauen sich nur heimlich Pornofilme an.

Wir schämen uns, weil wir nicht sind, wie wir sein wollen

Wenn wir uns schämen, haben wir ein bestimmtes Bild im Kopf, wie wir sein wollen. Und alles, was von diesem Bild abweicht, ist uns peinlich. Einige wollen sehr intelligent sein und prahlen mit ihrem Wissen. Wenn sie dann mal was nicht wissen, erröten sie. Andere glauben, daß nur die heile Familie zählt. Wenn sich die Eltern dann trennen, ist ihnen das peinlich. Wieder andere würden nie in der Klasse zugeben, daß sie ganz gerne die Back-Street-Boys hören, weil sie lieber als Heavy-metal-Freak durchgehen wollen.

Scham kann auch sinnvoll sein

Oft kann es ganz sinnvoll sein, daß wir Seiten von uns verbergen. Wir schützen uns dann vor der Rücksichtslosigkeit anderer. Wenn wir einen Menschen noch nicht gut genug kennen, halten wir uns erst mal zurück, weil wir seine Reaktionen noch nicht einschätzen können. Scham ist also auch ein Schutz. Diesen Schutz sollten wir ernst nehmen. Wenn uns nicht danach ist, uns zu zeigen, dann sollten wir das auch nicht tun.

Wenn du merkst, daß dich die Scham an vielem hindert, dann solltest du darüber reden – mit deiner Freundin oder mit jemand anderem, zu dem du Vertrauen hast. Wenn es dir zum Beispiel unangenehm ist, dich ganz auszuziehen, dann laß die Unterhose an. Sag ihr, daß du noch nicht soweit bist.

Im Laufe unseres Lebens lassen Scham und Peinlichkeit nach. Ganz verschwinden werden sie nie – und das wäre auch nicht sinnvoll. Wir werden immer unsere Ecken haben, die wir vor anderen verbergen möchten.

Schlechtes Gewissen

… oder die Angst, etwas Verbotenes getan zu haben.

Es ist für unsere seelische Entwicklung gut, wenn wir uns im Laufe des Lebens mehr oder weniger mit dem sogenannten schlechten Gewissen auseinandersetzen. Denn wir sollten prüfen, wann ein schlechtes Gewissen angebracht ist und wann nicht. Ansonsten fühlen wir uns öfter schlecht, als es eigentlich nötig ist.

Schlechtes Gewissen heißt, man fühlt sich schuldig für das, was man getan hat oder was man nicht getan hat. Das sagt aber noch nichts darüber aus, ob es wirklich schlimm ist, was wir getan oder unterlassen haben. Wir denken es aber – und fühlen uns schlecht.

Wenn uns der Gedanke kommt, jemandem etwas anzutun, den wir nicht leiden können, dann tun wir das normalerweise nicht – wir hätten sonst ein schlechtes Gewissen (mal ganz davon abgesehen, daß wir auch die Strafe fürchten). Das ist auch gut so, weil die Schuldgefühle uns und andere vor Verbrechen schützen. Nur so können wir zusammenleben und überleben.

Jeder hat seine eigene Moral

Menschen haben Regeln aufgestellt, nach denen sie handeln: man soll nicht klauen, keine Kinder mißhandeln, keine Frauen vergewaltigen, niemanden betrügen und so weiter und so fort. Diese Regeln kann man auch *Moral* nennen. Jeder Mensch hat Regeln oder moralische Grundsätze im Kopf, nach denen er handelt. Jeder hat eine andere Moral. Nicht alle Menschen glauben, man müsse alten Menschen über die Straße helfen, nicht alle finden es schlimm, in der U-Bahn schwarzzufahren. Wenn solche Gedanken aber zu unserer Moral gehören, dann quält uns ein schlechtes Gewissen, wenn wir die Oma allein über die rote Ampel tapern lassen oder wenn uns die Kontrolleure erwischen. Tatsache ist, daß alle Menschen ein schlechtes Gewissen bekommen, wenn sie anders handeln, als es ihre Moral vorschreibt. Moral ist wie eine innere Polizei, die aufpaßt, daß wir uns richtig verhalten. Das schlechte Gewissen ist die Strafe, die folgt, wenn wir den Anweisungen der Polizei nicht gefolgt sind.

Wie Moral entsteht ...

Unsere Moral lernen wir in der Kindheit durch die Gesellschaft, die bestimmte Moralvorstellungen hat und sie an unsere Eltern weitergegeben hat. Unsere Eltern vermitteln sie uns. Je jünger wir sind, desto besser nehmen wir die Moral an. Wenn es in unserer Gesellschaft üblich ist, daß Frauen nicht soviel zu sagen haben wie Männer, dann vermitteln uns unsere Eltern das – vielleicht sogar ohne daß sie es wollen. Sie leben es uns einfach nur vor. Wenn wir religiös erzogen werden, dann übernehmen wir zunächst die jeweilige Lehre, und die beeinflußt unsere Moral. Vielleicht wollen wir dann keinen Sex vor der Ehe, oder vielleicht lehnen wir Selbstbefriedigung ab.

Wenn wir älter werden, überprüfen wir die Moral der Gesellschaft, der Religion, der Eltern – manche Grundsätze behalten wir bei, andere legen wir ab. Das können wir selbst entscheiden.

Nun gibt es aber auch moralische Grundsätze, über die können wir nicht mehr bestimmen, weil sie uns nicht mehr bewußt sind. Das sind die, die uns im Leben am meisten zu schaffen machen.

Dazu ein sehr vereinfachtes Beispiel: Wenn Eltern ihren eigenen Körper nicht mögen und insgeheim jede Form von Sex ablehnen, dann ist es möglich, daß die Kinder diese Grundsätze übernehmen. Sie fühlen sich einfach nicht gut mit sich, mit ihrem Körper, beim Sex – kurzum; sie haben ein schlechtes Gewissen dabei. Sie leben nach dem Grundsatz: Ich darf meinen Körper nicht mögen, und Sex ist eigentlich Schweinerei.

Wenn sich das schlechte Gewissen meldet ...

An die unbewußte Moral kommen wir nicht ran; die bewußte können wir beeinflussen. Immer dann, wenn uns ein schlechtes

Gewissen plagt, sollten wir uns fragen: Habe ich wirklich etwas falsch gemacht? Habe ich jemandem geschadet – und wenn ja, ging es vielleicht nicht anders?

➔ Viele Jungen (und natürlich auch Mädchen) haben moralische Vorstellungen von ihrem Sexual- und Beziehungsleben. Die können dann so aussehen: *Meine Freundin muß unbedingt treu sein* oder *Selbstbefriedigung ist nur für den Notfall* oder *Schwulsein ist pervers* oder *Ein Mann muß immer können* oder *Beim Sex muß man auf jeden Fall vögeln* oder ... Solche Grundsätze können uns Konflikte bringen, wenn wir merken, daß wir plötzlich Lust auf eine andere als auf die Freundin haben, uns doch gerne selbst befriedigen, schwule Anteile bei uns entdecken oder gerade mal keinen Bock haben. Dann überschreiten wir unsere Moral, und es geht uns schlecht – Wunsch steht gegen Verbot. Jetzt ist es höchste Eisenbahn zu überprüfen, ob in diesem Fall die Moral noch sinnvoll ist oder ob sie uns den Spaß am Sex vermiest. Wenn Fremdgehen vielleicht die Beziehung gefährdet – aber wen gefährden wir bei der Selbstbefriedigung?

➔ Viele Jungen haben Angst, daß die Eltern sie erwischen. Sie haben ein schlechtes Gewissen dabei, wenn sie ihre sexuellen Wünsche und Phantasien spüren und sie mit einem Mädchen oder mit einem Jungen ausleben wollen – wenn das die Eltern erfahren, oje! Einige Eltern haben wirklich etwas dagegen, weil sie fürchten, daß ihr Sohn schon Vater wird. Aber es gibt Verhütungsmittel. Folglich gibt es für ein schlechtes Gewissen bezüglich der Elternangst vor einer frühen Vaterschaft keinen wirklich ersichtlichen Grund. Oft ist es so, daß die angeblich so bösen Eltern nur das eigene schlechte Gewissen ersetzen.

➔ Viele Jungen (und Mädchen) verspüren Schuldgefühle, weil sie sich so allmählich von zu Hause lösen. Sie wollen ihre Eltern nicht verletzen und merken, daß denen die Trennung auch nicht so leichtfällt. Einige Jungen bekommen dann ein schlechtes Gewissen, wenn sie abends wegbleiben, wenn sie ein Mädchen kennenlernen, wenn sie mit Freunden zusammen sind. Doch auch hier ist das schlechte Gewissen überflüssig. Manchmal kann man eben nicht weiterkommen, ohne daß andere gekränkt sind.

→ Manche Paare quälen sich, indem einer dem anderen andauernd ein schlechtes Gewissen macht: «Wo warst du gestern so lange?» «Du liebst mich gar nicht mehr!» «Gib's zu, du hast eine andere!» So was kann mal vorkommen, aber wenn es zu oft passiert, dann tut es einer Beziehung nicht gut.

Allerdings macht die Moral auch ein Zusammenleben zwischen Partnern möglich: Wir übernehmen Verantwortung für den anderen, indem wir nicht nur an uns denken, sondern auch dafür sorgen, daß es dem anderen gutgeht. Manchmal ist ein schlechtes Gewissen auch ganz hilfreich. Wenn wir uns nach einem schlimmen Streit für unser Verhalten entschuldigen oder wenn wir einsehen, daß wir auch Fehler gemacht haben.

Leistungsdruck

Jungen müssen sich schon ziemlich früh mit dem Thema Leistung auseinandersetzen. Bereits im Kindergarten geht es bei Jungenspielen darum, zu kämpfen und zu siegen. Egal ob Cowboy und Indianer oder Fußball gespielt wird – immer muß ein Junge ein Ziel erreichen, etwas schaffen, «es bringen». Zur Belohnung gibt es dann Anerkennung, Lob und Liebe. So lernen Jungs schon früh, daß sie sich Liebe verdienen müssen.

Natürlich ist es nichts Schlechtes, sich miteinander zu messen, gut sein zu wollen und gerne zu gewinnen. Ganz im Gegenteil: Das macht sogar Spaß. Mädchen tun das auch. Bloß lernen Mädchen gleichzeitig, sich anderen Mädchen anzuvertrauen, wenn sie Probleme haben. Untereinander müssen sie sich und den anderen nicht ständig beweisen, wie toll sie sind und was sie alles können. An *dem* Punkt haben es Mädchen leichter.

Höher, schneller, weiter – und plumps!

Das Aufwachsen unter Erfolgsdruck ist für Jungen oft eine ganz schöne Belastung. Beim Sport, in der Schule oder auf der Arbeit ist es ja noch ziemlich normal, daß Leistung erwartet wird. Aber auch da ist der Druck schon schlimm genug, weil wir manchmal das Gefühl haben, vor lauter Streß nichts mehr auf die Reihe zu bringen. Wenn sich Leistungsdruck dann aber auch in der Beziehung und beim Sex breitmacht, kann das zu einem echten Problem werden. Doch dazu später. Zuerst wollen wir uns ansehen, was denn Leistungsdruck eigentlich genau ist.

Leistungsdruck ist im Grunde genommen die Angst, zu versagen, etwas nicht hinzukriegen und Fehler zu machen. Wir befürchten, uns zu blamieren, ausgelacht und abgelehnt zu werden. Weil wir früh gelernt haben, durch Leistung Liebe zu kriegen, haben wir Angst, nicht mehr geliebt zu werden, wenn wir versagen. Daher wollen wir alles richtig machen: beim Anmachen, in der Beziehung, beim Sex. Das verursacht einen wahnsinnigen Druck. Dann stehen wir unter Strom und wissen gar nicht warum. Oder wir stehen neben uns, beobachten

uns und geben gedanklich Kommentare ab: «Mach es besser so und so» oder «Das war ja jetzt wohl voll daneben» und so weiter.

Doch meistens ist es so, daß dieser Druck auch wirklich ein Versagen auslösen kann. Wenn wir beim Versuch, ein Mädchen anzusprechen, uns selbst blöde Sprüche an den Kopf werfen und befürchten, es könnte schiefgehen, verkrampfen wir uns. Und dann kann es eben passieren, daß es wirklich schiefgeht. Oder wenn wir andauernd befürchten, daß der Penis beim Sex nicht steif wird oder nicht hält, was er anfangs versprochen hat, dann macht er vielleicht gerade deswegen schlapp.

Der Penis hat das gar nicht gern

Gerade bei letzterem fühlen sich viele Jungs und Männer ganz schrecklich: «Oje, schon wieder zu früh (oder gar nicht) gekommen – wie peinlich, jetzt hält sie mich bestimmt für den absoluten Schlappschwanz, hoffentlich erzählt sie es nicht weiter, ich könnte heulen, warum passiert das immer mir ...» Diesen Film kennen viele Jungen. Doch in Wirklichkeit muß es kein Reinfall gewesen sein. Vielleicht ging es ihr nicht um eine bestimmte Leistung, sondern um das gemeinsame Erlebnis. Viele Jungs trauen sich aber nicht, über ihre Angst und ihr angebliches Versagen zu reden. Sie verkrümeln sich möglichst schnell, quälen sich tagelang mit den Erinnerungen und melden sich nicht mehr bei ihr, weil sie sicher sind, daß sie von so einem Versager sowieso nichts mehr wissen will. Das Chaos wird perfekt, wenn das Mädchen dann auch noch denkt, daß sie etwas falsch gemacht hat und sich auch nicht mehr meldet.

Was wir alles können müssen ...

Als Mann bekommen wir ziemlich viel Zeug mit, was wir angeblich in der Liebe und beim Sex alles machen und können müssen: den ersten Schritt beim Kennenlernen. Flirten können. Küssen können. Aktiv sein, aber nicht zu stürmisch. Viele Erfahrungen haben. Spätestens mit sechzehn das erste Mal mit einem Mädchen schlafen. Immer können. Einen riesigen Schwanz haben, der auf Kommando steht, solange wir wollen. Möglichst viele Stellungen beherrschen. Der Partnerin oder dem Partner mindestens einen, am besten gleich mehrere supertolle Orgasmen verschaffen. Verantwortung für Verhütung übernehmen. Sensibel und nicht egoistisch sein. Freunden beweisen, was wir für ein toller Hecht sind. Und so weiter – fällt dir vielleicht noch etwas ein?

Es gibt aber auch Männer, die stehen zwar unter Druck, spüren das aber gar nicht. Sie versuchen, wirklich perfekt zu funktionieren. Sie rackern sich ab – beim Flirten, im Bett und glauben, sie seien die Tollsten. Dann verstehen sie die Welt nicht, wenn die Freundin nicht beeindruckt und begeistert ist, sondern sich genervt zurückzieht. Statt Hochleistungssex hätte sie sich vielleicht lieber ein paar unperfekte Gefühle von ihm gewünscht.

Leistungsdruck ist normal

Was können wir tun, wenn wir unter Leistungsdruck stehen?

→ Wenn wir ab und zu unter Leistungsdruck stehen, dann ist das ziemlich normal. Da kann man eigentlich nicht viel machen außer: Augen zu und durch.

→ Wer es sich zutraut, sollte versuchen, mit der Partnerin über seine Versagensängste und seinen Druck zu sprechen. Viele Frauen können gut damit umgehen. Vielleicht kommt ihr darüber ins Gespräch, bei welchen Situationen deine Freundin unter Druck steht. Das wäre doch auch mal interessant zu wissen.

→ Wer andauernd unter Druck steht und keinen Spaß mehr hat am Sex und sich auch in der Beziehung nicht mehr wohl fühlt, der sollte mal ein Gespräch mit anderen Menschen darüber führen. Oft kann es ganz hilfreich sein, wenn jemand anders mit dir erforscht, wo die Ursachen für deinen Leistungsdruck liegen und was du tun kannst.

Wut, Ärger, Zorn – drei Begriffe für ein Gefühl, das wir spüren, wenn wir angegriffen werden, wenn uns jemand zu nahe kommt, wenn wir neidisch oder eifersüchtig sind, wenn wir enttäuscht oder verlassen werden, wenn wir nicht kriegen, was wir wollen, wenn uns jemand nicht ernst nimmt, wenn wir ungerecht behandelt werden, wenn uns jemand verletzt hat, wenn wir versagt haben ...

Wer wütend ist, merkt, welche Kraft dahintersteckt. Wer seine Wut rausläßt, fühlt sich befreit, wer sie runterschluckt, ist bedrückt. Wir haben *Wut* unter das Kapitel Angst gesetzt, weil viele Menschen Schwierigkeiten haben mit ihrer Wut. Sie haben Angst, ihre Wut dann zu zeigen, wenn sie auftritt.

Wut und Angst

Warum aber unterdrücken wir unseren Ärger und Zorn, wenn es uns doch befreit, ihn rauszulassen? Man wird zum Beispiel sauer – auf Eltern, auf Lehrer, auf die Freundin, auf den besten Freund –, sagt dann aber lieber nichts, weil man befürchtet, abgelehnt und nicht mehr geliebt zu werden. Oder weil man befürchtet, dafür bestraft zu werden: schlechte Noten, Stubenarrest, Trennung der Freundin und so weiter.

Wenn wir von jemandem abhängig sind – von unseren Eltern, von Lehrern oder von Chefs –, dann fällt es uns besonders schwer, Wut zu zeigen. Weil es eben auch wirklich sein kann, daß wir eins auf den Deckel kriegen. Schließlich sind die anderen meist in einer stärkeren Position. Manche Menschen halten aber ihre Wut auch dann zurück, wenn keine wirkliche Gefahr droht.

Oft wollen wir unsere Wut auch deshalb nicht zeigen, weil wir Angst davor haben, den anderen zu verletzen. Natürlich verletzen wir den anderen, wenn wir wütend werden. Manch-

mal muß das eben sein. Wenn Menschen aber immer nur vorsichtig und harmonisch sind und niemandem etwas zuleide tun wollen, dann kann es sein, daß sie tiefsitzende Schuldgefühle haben. Sie fühlen sich jedesmal schuldig, wenn sie sich ärgern, und haben Angst, der andere könnte durch ihre Wut traurig sein oder schlimmen Schaden nehmen. Manche Partner nutzen das aus und drohen bei jedem Streit mit Tränen, Krankheit oder Selbstmord: «Du bringst mich noch ins Grab» oder «Wenn du so weitermachst, lande ich im Krankenhaus» und so weiter.

Warum wir Angst vor Wut haben . . .

Als wir noch klein waren, fühlten wir uns abhängig von unseren Eltern und wollten sie nicht verlieren. Wenn unsere Eltern es nicht zugelassen haben, daß wir wütend wurden und uns mit Liebesverlust oder Prügel bestraft haben, dann haben wir schon früh gelernt, still zu sein. Unsere Eltern taten das aber nicht aus böser Absicht. Sie haben es auch nicht anders gelernt. Wenn du dich nicht im Laufe deines Lebens mit deiner Wut beschäftigst, wirst du es mit deinen Kindern genauso machen.

Die einen haben gelernt, Wut rechtzeitig zu spüren und sie auch dort anzubringen, wo sie hingehört. Andere quälen sich eher damit. Teste dich selber, wie es bei dir ist:

→ Bist du auf deine Eltern ab und zu sauer?
→ Darfst du zu Hause deine Wut zeigen?
→ Kannst du dich zu Hause auch mal durchsetzen?
→ Wirst du zu Hause ernst genommen, wenn du dich ärgerst?
→ Gibt man dir zu Hause auch mal recht?
→ Haben sich deine Eltern schon mal bei dir entschuldigt, wenn sie dir unrecht getan haben?

Wenn du nur eine Frage mit Nein beantwortest, dann ist was schief.

Wut, die nicht raus darf, richtet sich gegen einen selbst – oder gegen Unschuldige

In Maßen ist es ganz normal und verständlich, daß wir uns zusammenreißen. Aber wenn Menschen ständig ihren Ärger herunterschlucken und in sich reinfressen, staut er sich in ihnen auf, und sie fühlen sich schlecht. Sie sind niedergeschlagen, traurig, antriebslos. Das kann depressiv machen. Das heißt, daß sich die Wut gegen die eigene Person gerichtet hat. Manche hassen sich regelrecht selbst: ihren Körper, ihr Wesen, ihr Auftreten – einfach alles.

Wut, die nicht im Entstehungsmoment raus darf, sucht sich andere Wege: Wir werden jähzornig, das heißt, wir sind die meiste Zeit brav und nett, bloß irgendwann platzen wir – und dann rette sich, wer kann. Manchmal spüren wir unsere Wut nicht mal, kriegen also auch nicht mit, ob wir sie unterdrücken. Wir glauben, alles wäre in Ordnung, dabei hat sich schon unheimlich viel aufgestaut in uns.

Es kann auch sein, daß wir verlernt haben zu spüren, wann uns was wütend macht. Das Gefühl ist aber ständig in uns, und wir sind andauernd wütend. Aber nicht gegen die, die es verdient haben, sondern gegen Gott und die Welt. Wir stehen morgens auf, haben schlechte Laune, gehen abends ins Bett und haben den ganzen Tag nur rumgestänkert, waren knurrig und aggressiv.

Richtig schlimm wird es, wenn diese Wut uns blind macht. Manche Menschen suchen sich Sündenböcke, an denen sie ihren aufgestauten Ärger auslassen. Sie werden gewalttätig gegen andere, mißhandeln Frauen, ziehen gegen Ausländer zu Felde, gehen Schwule klatschen. All das hat auch was mit unterdrückter Wut zu tun. Die Opfer können gar nichts dafür. Weil wir zu feige sind, der Freundin oder den Eltern zu sagen, daß wir sauer auf sie sind, lassen wir die Wut an Menschen aus, denen wir uns überlegen fühlen.

Unterdrückte Wut macht Beziehungen so aufregend harmlos

In Liebesbeziehungen passiert es besonders oft, daß Wut nicht herausgelassen wird. Weil wir Angst haben, die Partnerin könnte sich aus dem Staub machen, halten wir den Mund. Wir sagen nicht, was uns stört, fordern nicht, was uns fehlt, beschweren uns nicht, wenn wir uns schlecht behandelt fühlen. Oft ist die Beziehung dann harmonisch – und langweilig. Die Leidenschaft ist weg, der ganze Pep ist raus. Die einzige Unterhaltung ist die gemeinsame Glotze.

Wenn Männer gewalttätig werden

Da es Männern ohnehin häufig schwerfällt, über ihre Gefühle zu reden, schweigen sie sich gerne in Beziehungen aus. Manche Männer schlagen dann zu, wenn sie sich bei einem Streit von der Freundin in die Enge getrieben fühlen und sich mit Worten nicht mehr zu wehren wissen. Sie fühlen sich hilflos und unterlegen. Sie sehen sich in ihrer Männlichkeit bedroht. Manchmal wird die Wut in uns so mächtig, daß wir nur noch zuschlagen wollen.

Manche Männer haben sich dann nicht mehr unter Kontrolle und nutzen ihre körperliche Kraft aus. Vielen geht es danach sehr schlecht. Sie haben Schuldgefühle. Diese Form der Wut hat nichts Befreiendes mehr. Sie ist für beide entsetzlich, für den Mann wie für die Frau.

Es ist wichtig, eine übermächtige Wut in den Griff zu kriegen. Schlag lieber die Tür zu als deine Freundin. Renn eine Runde um den Block und versuche, dich zu beruhigen. Danach hast du vielleicht einen klaren Kopf und verlierst nicht so schnell die Kontrolle, wenn ihr weiter streitet.

Wenn es dir schon passiert ist, daß du deine Wut nur durch Schlagen zeigen konntest, solltest du dich dringend an eine Beratungsstelle wenden. Es gibt mittlerweile in einigen Städten auch spezielle Beratungen oder Gruppen für Männer, die merken, daß sie zu Gewalttätigkeit neigen.

Das kannst du tun

Nun aber noch ein paar konkrete Tips, wie man überhaupt mit Wut umgehen kann. Zunächst ist es so, daß Wut in den meisten Fällen berechtigt ist. Wenn du sie spürst, dann hat wahrscheinlich irgend jemand, auf den du wütend bist, Mist gebaut. Manchmal täuscht man sich natürlich auch. Das macht nichts – du kannst dich hinterher immer noch entschuldigen. Jedoch solltest du einige Grundregeln beachten, wie du die Wut am besten zeigst. Denn schließlich können wir nicht alle wie Zombies aufeinander rumhacken.

→ Wenn du auf jemanden sauer bist, dann prüfe erst mal deine Angst. Ist sie zu groß, dann schluck die Wut runter. Aber sei dir bewußt, daß du sie runterschluckst und daß das keine optimale Lösung ist.

→ Mach dir klar, daß es auch sein kann, daß du mit deiner Wut den anderen verletzt. Das ist so, wenn man Streit hat. Wenn du Schuldgefühle hast, dann laß sie kommen. Mecker trotzdem.

Aber du solltest aufpassen, daß deine Attacken nicht unter die Gürtellinie gehen – also vermeide alles, was den anderen demütigen könnte. Und körperliche Gewalt scheidet natürlich aus.

➔ Wenn du dich entschieden hast, Dampf abzulassen, dann erspare dem anderen Vorwürfe. Das hat nur zur Folge, daß du mit Sicherheit eins auf die Mütze kriegst oder daß sich der andere wie eine Schnecke verkriecht. Beides bringt nichts. Denn je vorwurfsvoller du wirst, desto eher ist der andere verletzt.

➔ Rede statt dessen von dir. Wie es dir ging, als der andere das und das gemacht hat, und wie du in Zukunft damit umgehen willst. Rede von erlittenen Kränkungen, wenn es denn welche gab. Dafür wirst du womöglich auch keinen Blumenstrauß bekommen, aber du hast wenigstens die Garantie, daß dir der andere zuhört. Vielleicht brütet er ja nachher noch ein wenig darüber nach, und dann gibt es doch eine Entschuldigung – wer weiß?

➔ Bring dich grundsätzlich in deinen Beziehungen ein. Bei Eltern, Freunden oder der Partnerin: sag, was du willst, was dir nicht gefällt, wie du es dir vorstellst, wo deine Grenzen sind, und so weiter.

Es lohnt sich, zu seiner Wut zu stehen und sie zu zeigen. In Beziehungen ist es so, daß dadurch auch Nähe entstehen kann. Wenn du wütend bist, dann passiert irgend etwas auch beim anderen. Und das kann verbinden. Müde Beziehungen werden plötzlich munter, wenn einer mal loslegt. Leidenschaft kann entstehen, und – wer weiß – vielleicht geht auch im Bett danach die Post ab. Ein Versuch ist es allemal wert.

Einsamkeit

Ob und wie sehr wir uns einsam fühlen, hängt vor allem von uns selbst ab. Es gibt Menschen, die sind verheiratet oder haben eine feste Beziehung und fühlen sich trotzdem einsam. Andere haben viele Freunde und fühlen sich dennoch allein. Und dann gibt es die, die kaum Freunde haben, allein leben und sich pudelwohl fühlen – sie sind sich selbst genug.

Einsamkeit kann ein Gefühl sein, das andere uns aufdrücken. Wem gerade die große Liebe davongerannt ist, der braucht sich nicht zu wundern, wenn er sich einsam fühlt. Wer in seiner Klasse zum Außenseiter gestempelt wird, steht natürlich auch allein da.

Wir sind nicht einsam, wir empfinden es nur so

In vielen Fällen aber kommt Einsamkeit von innen heraus: Manche fühlen sich mies, weil die ganze Welt eine Freundin hat, nur sie selbst nicht.

Menschen, die sich einsam fühlen, vergessen leicht, daß dieser Zustand auch wieder vorübergeht. Es gibt Tage, da fühlen wir uns hundeelend und ungeliebt, an anderen Tagen scheint die Sonne, und es geht uns wunderbar. Wenn das Gefühl der Einsamkeit allerdings ständig anhält, dann müssen wir aktiv werden, da hilft nichts. Doch dazu später.

Wer dauernd unter Einsamkeitsgefühlen leidet und nichts mit sich und anderen anfangen kann, gerät schnell in einen Teu-

felskreis. Seine Ausstrahlung ist gleich null. Andere wenden sich ab, wegen dieser Null-Ausstrahlung, andere wenden sich ab, weil andere auch schon die Nase voll hatten ... In so einem Zustand ist es auch schwer, eine Freundin oder Freunde zu finden. Wie sollen Mädchen oder Jungs jemanden toll finden, der sich selbst anödet?

Einsamkeit ist nicht angeboren

Für eine Liebesbeziehung ist es sehr wichtig, daß jeder der Partner sich selbst mag und mit sich und seinem Leben einigermaßen zufrieden ist – ansonsten wird man schnell zum Klammeraffen. Wenn du oft einsam bist und dann endlich eine Freundin findest, wirst du dich sehr an sie hängen. Du bist dann so froh, daß sie bei dir ist – aber nicht, weil sie so toll ist, sondern weil du nicht mehr einsam bist. Das ist nicht gut. Deine Erwartungen an sie und an die Beziehung sind dann einfach zu hoch. Also gibt es nur eins: Ärmel hoch, Glotze aus und auf in den Kampf.

Doch du mußt behutsam sein. Wenn es dir schwerfällt, eine Freundin zu finden oder mit anderen Menschen in Kontakt zu kommen, dann solltest du nicht gerade an diesem Punkt ansetzen, um etwas zu ändern. Jemand mit Höhenangst fängt ja auch nicht gleich mit Bungeejumping an. Such dir ein anderes Ziel. Manche Erwachsene stürzen sich in Arbeit, wenn es ihnen schlechtgeht. Wenn es wenigstens da klappt, fühlen sie sich schon um vieles besser. Versteh uns jetzt bitte nicht falsch, und es klingt vielleicht blöd, und wir wollen dich auch nicht verprellen, aber vielleicht sind so ein paar kleine Erfolge in der Schule der richtige Kick? Das soll jetzt nicht heißen: «Hör auf zu leiden und steck deine Nase in Schulbücher.» Aber es kann ganz hilfreich sein, sich eine Aufgabe zu stellen, die einem wieder Selbstbewußtsein gibt. Und da Schule nun mal der Beruf der meisten Jugendlichen ist, bietet sich das doch vielleicht an. Aber nur vielleicht. Auch gute Schüler können sich einsam fühlen ...

Unabhängigkeit schafft Freunde

Hilfreich sind auch immer wieder Hobbys. Zunächst einmal ist das sehr sinnvoll, weil du dabei andere Leute kennenlernen kannst: beim Sport, in Freizeitgruppen und was es alles gibt. Manche Hobbies aber hat man für sich selbst, ohne daß man Leute dabei kennenlernt. Fotografieren zum Beispiel oder malen oder ...

Wer ein Gebiet gefunden hat, auf dem er sich wohl fühlt, macht sich unabhängiger von anderen Menschen. Er gewinnt mehr Spaß am Leben und entdeckt bei sich, daß es auch ohne die anderen geht. Dieses Lebensgefühl peppt die Ausstrahlung auf. Andere Menschen können leichter auf dich zugehen, weil sie nicht mehr das Gefühl haben, du brauchst sie so dringend. Denn es gibt immer noch eine komische Lebensregel, die sich niemand so richtig erklären kann, aber die doch (leider) immer wieder zutrifft: Wenn man etwas unbedingt braucht, dann bekommt man es mit Sicherheit nicht.

Viele Jugendliche fühlen sich einsam. Das liegt mitunter auch daran, daß sich die Beziehungen mit den Eltern verändern. Zu Hause ist es einfach nicht mehr so prickelnd wie früher – eine Freundin ist aber auch gerade nicht zur Hand, also wohin mit dem ganzen Gefühlsbrei? Du solltest dich mal umschauen, wer sich in deiner Umgebung so alles einsam fühlen könnte. Vielleicht wirst du fündig. Sprich den- oder diejenige an, und wenn du etwas Vertrauen gefaßt hast, kannst du über deine Einsamkeit reden – möglicherweise. Dann hättest du zwei Fliegen mit einer Klappe geschlagen. Das Reden kann dich erleichtern, und du hast einen Kontakt gefunden. Viel Glück dabei!

Sexuelle Probleme

Es kann immer mal vorkommen, daß es im Bett nicht so klappt, wie wir uns das vorher gewünscht hatten. Vielleicht kommen wir zu früh, vielleicht wird der Penis nicht richtig steif, vielleicht haben wir keinen Orgasmus. Manche haben Schmerzen beim Vögeln, weil sie schnell überreizt sind. Oder sie funktionieren wie im Bilderbuch, aber ihre Gefühle sind blockiert – es ist wie Fensterputzen. Fast jeder Mann kennt so was oder ähnliches. Von sexuellen Problemen spricht man erst, wenn sie ständig vorkommen und wenn man sehr darunter leidet.

Viele Männer versagen mal – nicht alle haben deswegen ein sexuelles Problem

Es gibt aber Augenblicke und Situationen, in denen läuft es nicht so, wie wir es wünschen. Das muß dann noch nicht schlimm sein. Wenn wir zum Beispiel beim Sex unter Zeitdruck stehen, kann es sein, daß wir zu früh kommen oder er nicht richtig hoch kommt. Das gleiche kann passieren, wenn wir schulische oder berufliche Sorgen haben, wenn uns Schulden quälen oder wir Angst haben, unsere Eltern könnten ins Zimmer platzen. Beim ersten Mal haben viele Jungs Probleme, oder wenn sie verliebt sind, dann wol-

len sie alles besonders gut machen, und es geht prompt daneben. Grundsätzlich gilt: Streß, Sorgen und Angst stehen gutem Sex im Wege.

Der Mann hält sich für einen Versager – und die Freundin denkt, sie ist dran schuld

Wenn ein Mann im Bett versagt, dann erlebt er das als große Katastrophe, weil er glaubt, sich vor der Frau blamiert zu haben. Oft hat die Freundin dabei aber ein ganz anderes Problem. Sie denkt, er findet sie nicht erregend genug. Er fühlt sich klein, minderwertig, unmännlich und haßt sich in dem Augenblick selbst. Meistens reden die beiden dann nicht miteinander, sondern gehen mit einem blöden Gefühl auseinander. Manche Männer melden sich danach nicht mehr bei der Frau, weil sie sich furchtbar schämen. Nun ist es aber so, daß sie damit ihr Problem nur verstärken. Beim nächsten Mal sind sie so verkrampft, daß sie allein deswegen versagen. Dann stecken sie in einem Teufelskreis. Sie schämen sich, weil sie versagen, und versagen, weil sie sich schämen.

63

Wir wollen uns in diesem Kapitel ansehen, was sexuelle Probleme sind, wo sie herkommen und was du tun kannst. Es gibt drei Symptome, die einem Mann Schwierigkeiten bereiten können:

→ *Ungenügende oder gar keine Erektion.* Um eindringen zu können, muß der Penis steif sein. Wenn die Erektion nicht stark genug ist, kann der Penis nicht eingeführt werden. Es gibt aber auch Männer, die haben nicht nur beim Vögeln, sondern auch bei anderen sexuellen Spielen Erektionsprobleme.

→ *Vorzeitiger Samenerguß.* Vorzeitig heißt: der Mann will eindringen, kann aber nicht, weil er sofort oder einige Sekunden (nicht Minuten!), nachdem er eingedrungen ist, kommt.

→ *Kein Orgasmus.* Der Penis ist zwar steif und voll funktionsfähig, der Mann erlebt aber keinen Höhepunkt.

Körperliche Ursachen scheiden oft aus

Für Erektionsstörungen gibt es körperliche Ursachen – doch das ist eher die Ausnahme. Diabetiker können zum Beispiel Schwierigkeiten mit der Erektion bekommen. Oder Menschen, die zuviel Alkohol und Tabak konsumieren. Alkohol steigert zwar zunächst die Lust, weil er enthemmt, hindert aber beim Sex, wenn es drauf ankommt. Tabak hemmt die Durchblutung. Es gibt auch bestimmte Medikamente, die störend wirken können.

In den meisten Fällen haben sexuelle Probleme aber seelische Ursachen. Doch bevor wir uns denen widmen, sollten wir erst einmal verstehen, wie die männliche Sexualität bestenfalls funktioniert. Normalerweise ist es so, daß wir Lust auf Sex verspüren. Manchmal wollen wir Sex mit unserer Freundin oder einer Frau, die wir sexuell begehren. Manchmal sind wir einfach nur geil – dann richtet sich unser Trieb nicht auf einen bestimmten Menschen, sondern lebt vor sich hin und fordert: Such dir was. Dabei haben wir vielleicht bestimmte Phantasien oder Vorlieben, die unsere Lust steigern. Vielleicht finden wir eine Partnerin und können uns voll ausleben; vielleicht befriedigen wir uns selbst.

Wenn der Trieb sich meldet ...

Wir Männer zeigen unsere Lust, indem wir einen steifen Schwanz bekommen. Je nach Vorliebe wollen wir dann eindringen oder uns einen blasen lassen oder sonstige Spielchen treiben. Vielleicht ist uns auch nur nach Zärtlichkeit.

Doch mit der Lust können auch die Probleme kommen. Ein großes Problem, unter dem sehr viele Männer leiden, ist der Leistungsdruck.

Leistungsdruck heißt, daß der Mann sehr viel von sich erwartet. Er will ein ganz toller Mann sein im Bett, ein guter Liebhaber, ein perfekter Charmeur. Er muß so gut sein, daß sie nicht gleich zum nächsten rennt – denn die Konkurrenz schläft nicht. Nichts darf schiefgehen: kein falsches Wort, kein Achselgeruch, kein schlapper Schwanz, kein dicker Bauch, kein Pickel. Er muß zärtlich, kraftvoll, leidenschaftlich und männlich sein. Er muß Erfahrung haben und sie führen können. Wenn irgend etwas schiefgeht, dann hat er das Gefühl, er ist kein richtiger Mann, er bringt es nicht. Meistens geht aber was schief. Und zwar immer dann, wenn die Erwartungen so hoch sind, wie gerade beschrieben.

Leistungsdruck – und der Sex wird zur Qual

Danach fühlen sich die meisten wie ein Versager und finden sich selbst ganz schrecklich. Sie machen sich Vorwürfe, vergleichen sich mit anderen, die es angeblich alle besser können, und finden sich mickrig und klein. Wenn sie jedoch so schlecht über sich selbst denken, dann kann das ihre Sexualität stören – und zwar erheblich. Wenn sie dagegen aufhören können, so zu denken, hätten sie kein sexuelles Problem mehr. Das würde sich dann von selbst lösen. Doch leider ist das nicht so einfach. Die Gründe, warum jemand unter Leistungsstreß steht und schlecht über sich denkt, sind bei jedem anders. Manchmal sind es die Erwartungen, die andere an uns haben: Werbung, Frauen, Eltern. Wir sollen stark, durchsetzungsfähig, potent sein – Männer eben. Manchmal liegen die Gründe auch tief in der Kindheit verborgen und sind bei manchen nur durch eine Beratung oder eine Therapie aufzudecken. Oft ist es so, daß Männer, die unter sexuellen Problemen leiden, mit kindlichen Erfahrungen zu kämpfen haben, die noch nicht verarbeitet sind. Der Haken an der Sache ist, daß die Erfahrungen in der Regel unbewußt sind. Daher verstehen viele nicht, warum sie immer unter Streß stehen beim Sex und warum es bei ihnen nicht klappt. Wir haben die unserer Meinung nach wichtigsten unbewußten Konflikte aufgelistet:

➔ *Angst, mit einer Frau oder einem Mann eine tiefere Beziehung einzugehen – Angst vor Nähe.* Weil Vögeln besondere Nähe herstellt, verweigern sich manche Männer. Sie ziehen den Schwanz zurück oder kommen zu früh, damit sie gar nicht erst eindringen müssen.

➔ *Angst, die männliche Rolle zu übernehmen.* Das heißt beim Sex: Angst, mit erregtem Penis zu vögeln. Weil sie – oft unbewußt – fürchten, für ihre Männlichkeit bestraft oder verlacht zu werden, verweigern einige Männer die Erektion oder den Orgasmus.

➔ *Tiefsitzende, oft unbewußte Angst, eine Enttäuschung zu erleben.* Viele Männer befürchten, die Partnerin könne sie nicht gut finden und deshalb verlassen. Die Ängste sprechen aber viele nicht aus, sondern fressen sie in sich hinein. Wenn die Angst sehr tief sitzt, kann es auch sein, daß sie ursprünglich den Eltern galt. Daher auch hier: Rückzug, Verweigerung der Erektion oder des Orgasmus.

➔ *Tiefsitzende Scham für ihre Leidenschaften und für das, was sie sind.* Vielleicht sind sie sexualfeindlich erzogen worden, vielleicht hatten sie auch sonst eine unglückliche Elternbeziehung – manche Männer schämen sich für ihre Wünsche und Leidenschaften. Der Penis reagiert dann entsprechend.

Solche Konflikte schleppt mehr oder weniger jeder mit sich herum. Nur nicht bei allen Menschen äußert sich das sexuell. Manche haben Probleme auf der Arbeit, andere sind depressiv, wieder andere landen in unglücklichen Beziehungen, sind aber sexuell voll potent. Jeder Mensch hat seine ganz persönliche Art, mit unbewußten Konflikten umzugehen.

Wenn die Beziehung gestört ist, hapert es auch im Bett

Nun kann es aber auch passieren, daß sich während einer Beziehung ein sexuelles Problem entwickelt. Vorher hatte es nie Schwierigkeiten gegeben, plötzlich klappt es nicht mehr. In solchen Fällen liegt es oft daran, daß die Beziehung in eine Krise geraten ist. Manchmal passiert das, ohne daß die Partner das merken. Sexuelle Probleme sind *immer* auch Beziehungsprobleme. Entweder gibt es einen Konflikt in einer aktuellen Beziehung, oder sie weisen auf längst vergessene, unbewußte Probleme aus unserer Kindheit hin.

Sexuelle Probleme bedeuten nicht, daß ein Mann ein Versager ist. Sie sind Ausdruck eines Beziehungskonfliktes, der über kurz oder lang gelöst werden kann.

Wir können natürlich in einem Buch keine Beratung oder Therapie mit dir machen. Aber wir haben ein paar Tips auf Lager, wie du dir zunächst vielleicht selbst helfen kannst:

➜ Achte bei der Selbstbefriedigung darauf, ob dein Penis richtig steif wird. Wird er es, liegt kein körperliches Problem vor. Wird er es nicht, heißt das noch nichts. Es kann auch sein, daß du unter Druck bist oder daß er nicht richtig steif wird, weil du zuviel erwartest.

➜ Prüfe, ob deine Schwierigkeiten immer auftreten oder nur manchmal. Gelegentliche Erektionsstörungen sind nicht gleich ein Grund zur Sorge. Erst wenn es wirklich oft vorkommt, hast du vielleicht ein sexuelles Problem.

→ Falls du sexuell aktiv bist: Wie geht es dir mit deiner Freundin beziehungsweise deinen Sexualpartnerinnen? Welchen Typ Frau suchst du dir aus? Kann deine Partnerwahl etwas mit deinem Problem zu tun haben?

→ Vergiß alle Potenzpillen und Cremes und Gels. Die helfen nie und nimmer.

→ Laß dich, wenn es geht, auf Beziehungen ein. Verkriech dich auf keinen Fall in deinem Zimmer. Das erschwert nur die Sache. Bei jeder Beziehung, die du eingehst, erfährst du etwas mehr über dich selbst. Und damit kommst du auch deinem Problem näher.

→ Achte beim Sex darauf, welche Sachen dir gefallen und wo du Angst bekommst. Prüfe dabei genau, mit wem du Sex haben willst, ob du Vertrauen haben kannst und ob alles andere für dich stimmt: der Zeitpunkt, die Umgebung, deine Stimmung.

→ Wenn dir nicht nach Sex ist, dann mache es auch nicht. Lerne nein zu sagen. Habe den Mut, auch ohne Sex zu leben, obwohl alle davon reden. Ein Mann muß nicht immer wollen und können.

→ Rede mit deiner Freundin über dein Problem. Wenn sie Bescheid weiß, kann sie dir vielleicht helfen, eine Erektion zu bekommen, indem sie dich am Penis streichelt oder massiert. Oder ihr könnt gemeinsam nach Techniken suchen, einen Orgasmus hinauszuzögern.

→ Wenn du mit einem Mädchen schlafen willst, das du noch nicht gut kennst, und du Angst hast, zu versagen, dann sage erst mal nichts von deinem Problem. Das könnte eure frische Beziehung überfordern. Lerne sie erst einmal kennen, bis ihr vertrauter seid. Man kann auch anders miteinander Spaß haben – warte mit dem Sex, bis du das Gefühl hast, jetzt will ich.

→ Wenn du einen guten Freund oder eine gute Freundin hast, dann rede mit ihm/ihr. Andere können einem oft erstaunlich gut sagen, was man falsch macht. Aber suche dir gut aus, wem du dich anvertraust. Nicht alle eignen sich.

Wenn das alles nicht hilft, dann geh zu PRO FAMILIA und lasse dich beraten. Oft erleichtert es, sich auszusprechen. Berater haben einen geschulten Blick. Sie können dir helfen, dein Problem einzuschätzen. Sie können dir auch sagen, wie du mit allem klarkommen kannst. Oft ist alles gar nicht so dramatisch, wie man zunächst gedacht hat.

[Frauen]

Bis zum Beginn der Pubertät finden Jungen die «Weiber» meistens einfach nur blöd und wollen gar nichts mit ihnen zu tun haben. Mit 12 oder 13 Jahren ändert sich das aber meistens mehr oder weniger plötzlich. Dann fangen Jungen an, sich für Mädchen zu interessieren. Sie wissen nicht mehr nur aus dem Aufklärungsunterricht, sondern aus eigener Erfahrung, daß es so etwas wie sexuelle Anziehung zwischen den Geschlechtern gibt.

Die meisten Jungen merken jetzt allerdings auch, wie wenig Ahnung sie von Frauen und von weiblicher Sexualität haben. Oftmals wissen Jungs erst mal über Fußball und Autos besser Bescheid als über Mädchen.

Wenn du schwul bist und dich sowieso nur für Jungen interessierst, stört dich das vielleicht auch nicht besonders. Die Mehrheit der Jungen steht aber eindeutig auf Mädchen, und dann ist es schon ein Problem, wenn einem das andere Geschlecht so unbekannt ist.

Dir fällt vielleicht auf, daß Mädchen sich untereinander und im Umgang mit Jungen anders verhalten als Jungen. Daß sie in der Pubertät Brüste bekommen, kannst du in deiner Klasse wahrscheinlich ganz gut beobachten. Aus dem Biologiebuch weißt du bestimmt auch noch, daß ihre Geschlechtsorgane anders aufgebaut sind als deine. Aber wie das alles so richtig funktioniert und was Mädchen sexuell empfinden und sich wünschen? Da wird's schwierig, und da beginnt der Streß für die meisten Jungen.

Was wir nicht kennen, bedroht uns

Alles Fremde verunsichert uns und macht uns erst mal angst. Im Kapitel *Angst* beschäftigen wir uns damit, wie natürlich und oft sogar sehr nützlich diese Gefühle sind. Aber um mit Mädchen in Kontakt zu kommen, einen Flirt anzufangen, sich zu verlieben, erste sexuelle Erfahrungen miteinander zu machen und vielleicht eine feste Freundschaft einzugehen, sind sie ein Hindernis.

Viele Jungen trauen sich kaum an Mädchen ran. Sie denken, sie müßten erst perfekt über sie Bescheid wissen, und haben Angst, etwas falsch zu machen. Oft wird untereinander Druck gemacht, weil man sich allerlei Geschichten und Märchen darüber erzählt, wie Frauen sind und was man für Probleme mit ihnen haben kann. Manche Jungen kriegen dann den Eindruck, Mädchen wären total fremde Wesen, mit denen man gar nicht normal umgehen kann, weil man sich bestimmt völlig verkehrt verhält.

Es gibt aber keine sicheren Rezepte für Beziehungen mit anderen Menschen – egal ob sie männlich oder weiblich sind. Und Mädchen sind eben auch keine Geräte, die man nach einer Gebrauchsanweisung bedienen kann, damit der Kontakt funktioniert. Wir wollen dir in diesem Kapitel aber trotzdem einige Tips und Hinweise geben, die dir helfen können, Mädchen besser zu verstehen und mit ihnen klarzukommen, denn Wissen gibt mehr Sicherheit.

Jungs gucken cool, Mädchen gackern

Das wichtigste ist: Mädchen geht es genau wie Jungen. Sie wissen nicht mehr über dich als du über sie. Sie sind also genauso unsicher im Umgang mit dir wie du mit ihnen.

Hier tauchen aber auch die ersten Unterschiede auf. Als Junge tarnst du deine Verunsicherung vielleicht, indem du versuchst, cool zu gucken und lockere Sprüche zu machen. Mädchen dage-

gen reagieren oft mit albernem Verhalten. Sie gackern mit ihren Freundinnen und geben dir vielleicht das Gefühl, sie würden sich über dich lustig machen. In Wirklichkeit interessieren sie sich für dich und trauen sich nicht, es zu zeigen. Genausogut kann es sein, daß ein Mädchen, für das du dich interessierst, sich unheimlich arrogant und hochnäsig verhält. Auch damit wollen die meisten nur verstecken, daß deine Aufmerksamkeit sie unsicher macht.

Doch eigentlich haben Mädchen *und* Jungs Angst, sich irgendwie zu blamieren oder vor den Freunden blöd dazustehen. Die Freundinnen eines Mädchens können genauso stören wie deine Kumpels. Natürlich fühlt man sich in einer Gruppe sicherer. Wenn die anderen aber neidisch sind, versuchen sie vielleicht, mit blöden Sprüchen zu verhindern, daß zwei sich näherkommen. Wenn du mit einem Mädchen flirten und sie kennenlernen willst, ist es deshalb meist besser, nach einer Situation zu suchen, wo sie nicht von ihren Freundinnen «bewacht» wird.

Mädchen reden mit der besten Freundin

«Mädchen wollen immer so viel reden, über Gefühle und so was.»

Jungs verstehen oft nicht, warum ihre Freundinnen immer alles besprechen wollen und worüber sie eigentlich quatschen, wenn sie stundenlang mit der besten Freundin zusammenhocken. Da schlägt mal wieder die unterschiedliche Erziehung zu. Die Beschäftigung mit Gefühlen wird in unserer Gesellschaft immer noch stärker als Frauensache angesehen. Mädchen finden es deshalb ganz normal, der besten Freundin alles zu erzählen, was sie gerade beschäftigt. Welchen Jungen sie süß finden, in wen sie heimlich verliebt sind, wie es mit dem Freund gerade läuft, was ganz toll war und womit es ihnen schlechtgeht.

Sie wissen zwar, daß Jungen mit diesen Sachen anders umgehen, aber sie verstehen es oft nicht. Für Mädchen gehört zur Liebe, daß man sich nahe ist, indem man über alles spricht, was einen beschäftigt.

Jungen leben ihre Gefühle oft anders. Sie machen meistens nicht so viele Worte, sondern zeigen eher durch kleine Gesten, knappe Bemerkungen oder den entsprechenden Gesichtsausdruck, wie es gerade in ihnen aussieht. Auch Gefühle für die Freundin werden häufig durch Zärtlichkeiten und kleine Geschenke ausgedrückt.

Jungs und Mädchen –
zwei Welten?

Diese Unterschiede führen schnell zu Mißverständnissen zwischen Jungen und Mädchen. Vielleicht beschwert sich deine Freundin manchmal, weil du ihr nie sagst, daß du sie liebst – du hast aber das Gefühl, du zeigst es ihr täglich. Mädchen reicht es meistens nicht, zu wissen, daß ihr Freund sie liebt und toll findet. Sie wollen es ab und zu hören und einfach drüber reden, wie man sich gerade miteinander fühlt und was man übereinander denkt.

Wenn ihr darüber Streit kriegt, habt ihr wahrscheinlich beide recht. Du sagst es eben nicht mit Worten, und sie versteht deine Sprache nicht. Da kommt ihr nur raus, wenn ihr euch gegenseitig helft. Erklär ihr, wie du versuchst, ihr deine Gefühle zu zeigen! Frag sie, was sie von dir mitkriegt und sich von dir wünscht! Aber hör dir auch an, was sie dir zu erzählen hat! Mädchen beklagen sich oft, daß sie das Gefühl haben, der Junge meint sie als Person gar nicht, weil er sich scheinbar nicht für ihr Leben interessiert. Das Bedürfnis danach habt ihr sicher beide. Du möchtest doch bestimmt auch, daß sie wissen will, ob deine Mannschaft beim Sport gewonnen hat oder wie der Wochenendausflug zu deiner Oma war. Eine Beziehung funktioniert nicht, ohne daß man miteinander redet. Und es kann eine ganz tolle Erfahrung sein, sich durch intensive Gespräche sehr nahe zu kommen. Vielleicht kannst du von Mädchen, mit denen du befreundet bist, in dieser Hinsicht etwas lernen.

Der Kitzler liegt außerhalb der Scheide

Nicht nur beim Umgang mit Gefühlen, sondern auch sexuell gibt es ein paar Unterschiede zwischen Mädchen und Jungen. Viele Mädchen kriegen beim normalen Geschlechtsverkehr keinen Orgasmus. Die Bewegung des Schwanzes in der Scheide ist für sie weniger wichtig als die Reizung des Kitzlers (= Klitoris) – und der liegt nun mal außerhalb der Scheide. Da kannst du mit den Fingern und der Zunge viel mehr ausrichten. Manche Mädchen können auch nur kommen, wenn sie selbst ihren Kitzler streicheln oder massieren. Das hat nichts damit zu tun, daß du es nicht bringst. Wenn du sie dabei gleichzeitig an anderen Körperstellen küßt und streichelst, kannst du genauso intensiv dabei sein, und ihr könnt ein tolles Gefühl miteinander haben.

Eine Scheide sieht, genau wie der Schwanz bei Männern, bei jeder Frau anders aus. Einige haben kleine und lange innere Schamlippen, die als Hautfalten über die äußeren hinausragen. Die äußeren Schamlippen können unterschiedlich groß sein. Der Kitzler sitzt oberhalb der Scheidenöffnung, dort wo die kleinen Schamlippen zusammenwachsen. Er ist eine ungefähr erbsengroße Erhebung, die bei einigen Mädchen mit einer Vorhaut verdeckt ist. Wenn ein Mädchen sexuell erregt ist, schwillt die Klitoris an und wird fester. Jetzt kann man sie normalerweise recht gut ertasten. Laß dir am besten von deiner Freundin zeigen, wo ihr Kitzler ist und wie sie am liebsten berührt werden möchte.

G wie Gräfenberg

Wahrscheinlich hast du schon mal etwas vom G-Punkt bei der Frau gehört. Viele Jungs fragen uns jedenfalls, wo dieser wundersame Lustknopf der Frau ist und wie man ihn bedient. Benannt wurde der G-Punkt nach seinem Entdecker, dem Berliner Frauenarzt Dr. Ernst Gräfenberg. Es soll eine besonders reizempfindliche Stelle in der Scheide sein – an der Vorderwand, ungefähr drei bis fünf Zentimeter vom Scheideneingang entfernt. Es ist nach wie vor umstritten, ob es diesen Punkt wirklich gibt. Da die beschriebene Stelle aber direkt auf der Rückseite der Klitoris liegt, kann es gut sein, daß man an diesem Punkt den Kitzler sozusagen von innen reizen kann. Frauen, die von seiner Existenz überzeugt sind, sagen jedenfalls, daß sie durch sanften Druck mit einem Finger oder dem Schwanz auf diesen Punkt einen besonders intensiven Orgasmus erleben können. Versuch jetzt aber bitte nicht mit allen Mitteln bei deiner Freundin das Superorgasmusknöpfchen zu finden. Wenn ihr beide Spaß an der gegenseitigen Körpererkundung habt, stoßt ihr vielleicht irgendwie auf genau diese Stelle. Wenn es nicht so ist, bist weder du ein schlechter Liebhaber, noch fehlt bei dem Mädchen etwas.

Wer drin ist, kommt auch wieder raus

Manche Jungen machen sich Gedanken, ob die Scheide eines Mädchens zu eng sein kann. Hier besteht aber kein Grund zur Sorge. Die Wände sind aus sehr elastischem und muskulösem Körpergewebe, das sich sehr gut dehnen kann. Schließlich paßt bei einer Geburt ein Babykopf hindurch. Wenn ein Mädchen Angst hat oder sehr angespannt ist, können sich die Muskeln in der Scheidenwand verkrampfen und die Scheide so eng machen, daß kein Schwanz eindringen kann. Daß das auch passieren kann, wenn du schon drin bist und dein Schwanz dann eingeklemmt wird, ist eines der Märchen, die sich Jungen gerne erzählen. In Wirklichkeit ist so was völlig unmöglich. Ein Schwanz, der reingekommen ist, geht auch wieder raus.

Wichtiger für dich ist wohl die Frage, was du tun kannst, wenn sie beim Versuch, miteinander zu schlafen, einen Scheidenkrampf kriegt. Klingt jetzt furchtbar pädagogisch, aber in so einer Situation muß man erst mal miteinander reden. Will sie überhaupt mit dir schlafen? Wovor hat sie Angst, oder was macht ihr Streß? Kannst du etwas tun, damit sie sich entspannen kann? Oft hilft dem Mädchen ein ausgedehntes und zärtliches Vorspiel schon sehr. Wenn ihr euch dabei langsam aufeinander einstellt, kann sie sich besser entspannen.

Wenn die Scheide feucht wird – oder auch nicht

Ein anderes Thema ist die Feuchtigkeit der Scheide. Damit der Schwanz gut eindringen und sich bewegen kann, müssen die Scheidenwände eine Gleitflüssigkeit absondern. Wenn ein Mädchen erregt wird, geschieht das meistens ganz von selbst. Manchmal passiert es aber, daß sie Lust hat und erregt ist, die Scheide aber trotzdem nicht richtig feucht wird, weil sie zum Beispiel kurz vorher ihre Tage hatte und die Scheide von den Tampons ein bißchen trocken ist. Einerseits kann man sich dann ganz gut mit einem anderen natürlichen Gleitmittel helfen. Spucke flutscht ganz prima. Ihr könnt euch aber auch in der Apotheke oder einem Drogeriemarkt ein Gleitmittel kaufen. Wenn ihr Kondome benutzt, achtet darauf, daß es kein Fett oder Öl enthält, davon gehen die Gummis kaputt.

Lust auf einen Quickie

Es gibt wissenschaftliche Untersuchungen, die zeigen, daß sexuelle Erregung sich oft bei Frauen langsamer aufbaut als bei Männern. Frauen haben nicht weniger Lust als Männer, sie brauchen häufig nur mehr Zeit, damit sie wachsen kann. Das heißt aber nicht, daß ein Mädchen nicht auch mal ganz spontan erregt wird und Lust auf einen Quickie ohne großes Brimborium drum rum kriegt. Um zu wissen, was wann anliegt, muß man sich einfach ein bißchen besser kennen. Jeder Mensch ist nun mal anders. Wir können dir jedenfalls keine Rezepte geben, wie schnell oder langsam es Mädchen gerne haben.

Das Jungfernhäutchen

Ein besonderes Thema für Mädchen ist das Jungfernhäutchen. Jungen wissen darüber meistens nicht besonders viel. Du hast wahrscheinlich gehört: es verschließt die Scheide und reißt beim ersten Mal, es blutet, und Mädchen haben Angst, daß es weh tut. Das kann so sein, muß aber nicht. Einige Mädchen werden ganz ohne Jungfernhäutchen geboren, und bei anderen verschließt es immer nur einen Teil der Scheidenöffnung. Es kann manchmal schon beim Spiel als Kind oder beim Sport so weit gedehnt worden sein, daß man es gar nicht mehr bemerkt. Es muß also gar nichts einreißen, bluten und weh tun – oder es ist so wenig, daß ihr es vor lauter Geilheit gar nicht bemerkt. Das wissen die meisten Mädchen aber auch nicht und fürchten sich deshalb vor dem, was passieren kann.

Die Angst, daß es weh tun könnte, ist für Mädchen aber auch nur *ein* Grund, warum sie oft mit dem ersten Mal länger warten wollen. Sie haben noch stärker als Jungen das Gefühl, daß es etwas ganz Einmaliges ist. Um jemandem zu erlauben, in ihre Scheide einzudringen, brauchen sie das Gefühl, diesem Jungen auch besonders vertrauen zu können. Oft ist es einem Mädchen gar nicht bewußt, wieviel Bedeutung es für sie hat, «entjungfert» zu werden. Deshalb kann sie dir vielleicht auch nicht richtig erklären, warum sie das Gefühl hat, noch nicht soweit zu sein. Dann wird es ihr auch nicht helfen, wenn du versuchst, sie davon zu überzeugen, daß du ganz vorsichtig bist und ihr bestimmt nicht weh tun willst.

Andererseits gibt es aber auch Mädchen, die mit dem ersten Mal ganz ähnlich umgehen wie viele Jungen. Sie wollen es endlich gemacht haben, um mitreden zu können.

Romantik beim ersten Mal

Vielen Mädchen ist es aber wichtig, daß man es sich für das erste Mal besonders schön macht. Sie wünschen sich eine romantische Stimmung und eine angenehme Atmosphäre. Aber das ist auch wohl eigentlich sowieso klar und geht den meisten Jungen auch nicht anders. Auf dem Rücksitz eines Autos oder dem elterlichen Wohnzimmersofa kann man spannende Nummern machen. Die

ersten sexuellen Erfahrungen sind aber wohl aufregend genug –
da ist ein gemütlicher Ort und die Gewißheit, nicht gestört zu
werden, auf jeden Fall besser.

Wie es früher war . . .

In unserer Gesellschaft wurde viele Jahrhunderte lang so getan,
als hätten Frauen gar keine eigenen Sexualität. Noch im vorigen
Jahrhundert gab es männliche Wissenschaftler, die behaupteten,
Frauen hätten keinen Orgasmus. Dementsprechend wurde
Mädchen in der Erziehung beigebracht, daß ihre Geschlechtsorgane nur für die Befriedigung des Mannes und zum Kinder-
kriegen da sind. Diese altertümlichen Ansichten sind zwar zum
Glück mittlerweile ausgestorben. Reste davon gibt es aber auch
heute noch. Manchmal wird Mädchen immer noch vermittelt,
daß es eigentlich schmutzig und unanständig ist, sich mit den
eigenen Geschlechtsorganen zu beschäftigen. Deshalb wissen sie
oft selbst nicht so genau, wie es bei ihnen «untenrum» aussieht.
Laß dich davon nicht verunsichern. Gemeinsam neugierig sein
und den eigenen Körper und den des anderen zu entdecken
kann sehr anmachend sein. Und je besser man sich körperlich
kennt, desto besser klappt's auch mit der Lust.

[Schwul werden,

Homosexuell zu sein bedeutet, Menschen des gleichen Geschlechts sexuell anziehend zu finden und Sex mit ihnen zu haben. Das Gegenteil, also sexuelle Gefühle für das andere Geschlecht zu haben, nennt man heterosexuell. Wer sich für Männer und Frauen interessiert, wird als bisexuell bezeichnet.

schwul sein]

Wo es herkommt . . .

Homosexuelle Gefühle, Phantasien und Wünsche hat man – oder man hat sie nicht. Das können wir nicht beeinflussen. Über die Frage, ob diese Veranlagung angeboren, also sozusagen in unseren Genen programmiert ist oder erst während der Kindheit durch äußere Einflüsse entsteht, streiten sich die Wissenschaftler schon seit mehr als hundert Jahren. Und es sieht nicht so aus, als ob sich die eine oder andere Meinung irgendwann eindeutig beweisen ließe.

Weil Sexualität etwas sehr Privates ist, ist es sehr schwer, sie zu erforschen. Da Homosexualität immer noch diskriminiert wird, trauen sich außerdem viele nicht, dazu zu stehen. Deshalb kann auch niemand sicher sagen, wie viele schwule Männer es gibt. Die behaupteten Zahlen liegen zwischen zwei und zehn Prozent.

Normal ist . . .

Manche Jungen hatten schon als Kinder das Gefühl, irgendwie anders zu sein. Andere merken erst in der Pubertät, daß sich ihr sexuelles Interesse auf Jungen richtet. Andererseits machen viele Jungen irgendwann mal sexuelle Spiele mit anderen Jungen und interessieren sich dann doch für Mädchen – werden also heterosexuell.

Erwachsen werden heißt auch, sich die Frage zu stellen: «Wie will ich leben – hetero-, homo- oder bisexuell?» Es gibt in unserer Gesellschaft bestimmte Vorstellungen davon, was normal ist. Heterosexuell ist normal. Wenn unsere Gefühle mit diesen Erwartungen übereinstimmen, ist es meist ganz einfach, sich so zu verhalten, wie die Umwelt es will. Jungen, die sich zu Mädchen hingezogen fühlen, kommen deshalb selten auf die Idee, sich zu fragen, warum das so ist und welche Auswirkungen auf ihr Leben es hat und was andere darüber denken und sagen.

Wer homosexuelle Gefühle hat, muß sich jedoch mit dieser Frage beschäftigen und Antworten finden, denn Homosexualität

wird bei vielen Menschen immer noch nicht als normal angesehen. So kommt es, daß Jungs, die schwule Gefühle haben, sich als
Außenseiter fühlen. In der Schulklasse, im Freundeskreis, selbst
im Elternhaus fühlen sie sich ausgegrenzt. Solche Erfahrungen
sind oft sehr schmerzhaft, denn unsere Gefühle sind ein Teil von
uns. Wenn die Umwelt uns wegen unserer Gefühle ablehnt, haben wir Schwierigkeiten, selbst dazu zu stehen.

Endlich: Coming-out

Zu sich selbst zu stehen und dann auch zu sagen: «Ich bin
schwul», ist der Beginn eines Prozesses, den man *Coming-out*
nennt. Das Coming-out haben manche schon in der Pubertät. Es
gibt aber auch Männer, die sind schon viele Jahre verheiratet und
haben dann ihr Coming-out.

Unabhängig vom Alter kann es eine große Hilfe sein, zu einer
Coming-out-Gruppe zu gehen. Sie werden von Beratungsstellen
und Schwulen-und-Lesben-Zentren organisiert, in Universitäts-
städten häufig auch von der Studentenvertretung. In diesen
Gruppen treffen sich Schwule, die alle in einer ähnlichen Situation sind. Man kann erst mal untereinander darüber reden, welche Erfahrungen man mit dem Schwulsein hat, und sich gegenseitig Mut machen. Besonders am Anfang des Coming-out ist die
Erfahrung «Ich bin nicht allein auf der Welt» sehr wichtig. Außerdem ist es mit einer Gruppe auch viel einfacher und lustiger, das
schwule Leben zu entdecken. Und es gibt sehr viel zu entdecken.
Manche bieten auch Coming-out-Gruppen speziell für schwule
Jungs in der Pubertät an.

Für die Eltern ist es auch nicht so einfach

Viele Beratungsstellen bieten nicht nur für die Schwulen, sondern auch für deren Eltern was an. Denn die tun sich manchmal
ziemlich schwer damit, ihre schwulen Söhne zu akzeptieren. Oft
machen sie sich Vorwürfe und glauben, irgend etwas falsch ge-

macht zu haben. Laß ihnen Zeit, sich damit zu beschäftigen. Du bist mit deinem Schwulsein ja wahrscheinlich auch nicht gleich ganz locker klargekommen. In einigen Städten gibt es spezielle Beratungsangebote für Eltern homosexueller Kinder – zum Beispiel bei PRO FAMILIA. Manchmal gibt es sogar eine Gruppe von Eltern, die es sich zur Aufgabe gemacht haben, junge Schwule und Lesben zu unterstützen und deren Eltern zu beraten. Vielleicht solltest du deine Eltern dort mal hinschicken, wenn sie nicht von alleine auf die Idee kommen.

Trau, schau wem!

Oft sind ältere Geschwister oder die beste Freundin gut für den ersten Coming-out-Test. Je vertrauter das Verhältnis zu einem Menschen ist, desto wahrscheinlicher ist es, daß er oder sie keine Probleme damit hat, dich als Schwulen zu akzeptieren. Dann hast du auch jemanden, zu dem du gehen kannst, wenn du reden willst und Unterstützung brauchst.

Du mußt lernen abzuschätzen, ob es ein Risiko für dich ist, sich jemandem als Schwuler zu zeigen. Wenn du dir bei einer Person sehr unsicher bist, warte lieber noch ein bißchen, und versuche lieber erst mal herauszubekommen, was er oder sie über Schwule denkt.

Woran erkennt man eigentlich Schwule?

Wer als heterosexueller Junge ein Mädchen kennenlernen möchte, hat es erst mal leichter. Denn Frauen erkennt man mehr oder weniger sofort. Für Schwule ist das nicht so einfach. Sie möchten gerne andere Jungen kennenlernen, mit ihnen flirten und vielleicht Sex haben. Für sie kommt aber nur ein kleiner Teil aller Jungen wirklich in Frage. Nämlich die, die eben auch auf Jungen stehen. Da stellt sich natürlich die Frage: Wie finde ich die heraus?

Es gibt eine Menge Vorurteile darüber, woran man angeblich Schwule erkennt. Tatsache ist aber: nicht alle heißen Detlef, sie

benehmen sich nicht weibisch, sie tragen normalerweise keine Frauenkleider, und sie tragen genauso oft oder selten einen Ohrring rechts oder einen Ring am kleinen Finger – wie andere eben auch. Mit anderen Worten: man kann sie nicht von heterosexuellen Jungen unterscheiden.

Kurze Blicke – intensiver Kontakt

Na prima, was kann man denn dann tun, um sich bei der Kontaktsuche nicht ständig Abfuhren von attraktiven, aber leider an gleichgeschlechtlichen Kontakten nicht interessierten Herren zu holen?

Ein Blick sagt manchmal mehr als tausend Worte. Wenn du von einem anderen Jungen länger als nur einen Augenblick angesehen wirst, kann das schon ein Zeichen sein. Unter heterosexuellen Männern ist es nämlich nicht üblich, sich intensiver anzuschauen. Anfangs braucht es etwas Übung, durch die Straßen zu laufen und die interessierten Blicke von Männern zu entdecken. Nach einiger Zeit entwickeln Schwule aber meist ein ziemlich gutes Gespür dafür, wer auch «zur Familie» gehört. Flirten, anbaggern und so weiter geht dann bei Schwulen auch nicht anders, als wenn sich ein Junge und ein Mädchen treffen.

Ein Zeichen, mit dem sich Schwule manchmal zu erkennen geben, ist der Regenbogen. Ein Regenbogensticker an der Jacke kann dir zeigen, daß sein Träger auf Männer steht. Irrtümer sind allerdings nicht ganz ausgeschlossen. Die Umweltorganisation Greenpeace verwendet den Regenbogen nämlich auch. Deshalb nicht zu enttäuscht sein, wenn du einen Regenbogenträger anbaggerst und sich herausstellt, daß er sich mehr für Wale als für Männer interessiert.

Wo sich Schwule treffen

Trotz aller Signale und Zeichen bleibt es natürlich anstrengend, immer abchecken zu müssen, ob jemand überhaupt in Frage kommt. Deshalb haben sich viele Möglichkeiten entwickelt, wie

Schwule sich treffen können. Je größer der Ort ist, in dem man lebt, desto sicherer gibt es das, was man als *schwule Szene* oder *Subkultur* bezeichnet.

Dazu gehören Kneipen, Bars und Discos, die nur von Schwulen besucht werden oder in die so viele Schwule gehen, daß es kein Problem ist, sie dort zu entdecken. In vielen Städten gibt es mittlerweile auch Schwule-und-Lesben-Zentren. Meistens gibt es dort ein öffentliches Café und zusätzlich Parties, Kulturveranstaltungen, Gruppenangebote und Beratung für Menschen, die Probleme mit oder wegen ihrer Homosexualität haben.

Schwule Kontakt- und Beratungsstellen

Für schwule Jugendliche hat sich in den letzten Jahren sehr viel getan. Oft haben sie keinen Streß mehr damit, schwul zu sein – sie brauchen keine Beratung oder Gruppen zum Probleme wälzen. Statt dessen wollen sie einfach mit anderen schwulen Jungen ihre Freizeit verbringen und Spaß haben. Seit ein paar Jahren gibt es dafür die schwul-lesbische Jugendorganisation Lambda.

Sie organisiert Freizeitgruppen, Jugendcamps und Jugendreisen in andere Länder. Am Ende des Buches findest du eine Adresse, bei der du dich nach dem Programm für Lambda und einem Kontakt in deiner Nähe erkundigen kannst.

Schwule Sportvereine

Weil gerade bei Sportlern Schwulsein immer noch abgelehnt wird, gibt es in vielen Städten Sportvereine für Schwule. Allen Vorurteilen zum Trotz wird dort genauso Volleyball, Fußball oder Handball gespielt, geschwommen oder Gymnastik gemacht wie in Vereinen für Heterosexuelle. Und unter den Duschen gibt es auch nicht mehr Sex als in anderen Sportvereinen.

Schwule Buchläden und Reisebüros

Es gibt Buchläden und Reisebüros für Schwule. Viele Geschäfte, die von Schwulen betrieben werden, zeigen mit einer Regenbogenfahne über der Tür oder im Schaufenster, daß sie besonders schwulenfreundlich sind. In Großstädten gibt es richtige schwule Stadtviertel, in denen man fast ganz «unter sich» leben kann.

88

Schwuler Quickie

Zur Szene gehören auch Treffpunkte, wo es nur darum geht, einen Partner für Sex zu finden. Bestimmte Parks, Autobahnparkplätze, öffentliche Toiletten und Schwimmbäder sind dafür bekannt, daß sich dort Männer treffen, die Sex mit Männern suchen. Entstanden sind diese Orte überwiegend zu einer Zeit, als Homosexualität noch verboten war und Schwule sich nur heimlich treffen konnten. Das ist zwar heute nicht mehr der Fall, es gibt aber einerseits immer noch viele Männer, die sich nicht trauen, offen schwul zu sein, und sich nur gelegentlich heimlichen Sex mit einem Mann suchen. Andererseits finden manche es besonders aufregend, nachts in einer Grünanlage oder auf dem Bahnhofsklo Sex mit einem fremden Mann zu haben.

Wer möglichst direkt zur Sache kommen will, kann aber auch in eine schwule Sauna gehen. Es gibt sie in vielen größeren Städten. Dort kann man sich erst mal in Ruhe umsehen und sich im Whirlpool und im Dampfbad entspannen. Wenn es jemanden gibt, der einem gefällt und der auch interessiert ist, kann man dabei leicht in Kontakt kommen. Das klingt alles ein bißchen nach schwulem Paradies, deshalb wollen wir lieber gleich vor überhöhten Erwartungen mit anschließender Enttäuschung warnen. Wer jung und etwas ahnungslos ins schwule Leben stolpert, erlebt nach einer Anfangszeit mit großer Begeisterung manchmal herben Frust, wenn er merkt, daß Kontakte unverbindlich bleiben, es oft nur um Sex geht und die große Liebe nicht auftaucht. Daran ist weder das Schwulsein noch die schwule Szene schuld. Intensive Beziehungen aufzubauen ist für schwule Jungs nicht grundsätzlich schwerer oder leichter als für heterosexuelle. Sehr oft stehen wir uns selbst im Wege mit all den Zweifeln an unseren Fähigkeiten und unserem Wert. Wenn der Frust sich gerade an dich heranschleicht, hilft es dir vielleicht, dich mit den Themen in Kapitel 3 ausführlicher zu beschäftigen. Auch wenn bei den Tips und Hinweisen für den Umgang mit Liebesproblemen meistens von Mädchen die Rede ist – sie gelten für die Beziehungen unter Jungen genauso.

Schwuler Sex

Vielleicht vermißt du in diesem Kapitel das Thema schwuler Sex – Schwule machen aber sexuell fast alles miteinander, was heterosexuelle Paare auch machen. Deshalb gibt es in diesem Kapitel auch keinen Extrateil über schwulen Sex. Wir haben alles, was es dazu zu sagen gibt, im Kapitel *Sex* untergebracht. Nur soviel an dieser Stelle: schwuler Sex ist nicht besser oder schlechter als Sex zwischen Männern und Frauen. Schwule Jungen haben lediglich den Vorteil, daß der Körper ihres Partners grundsätzlich genauso aufgebaut ist wie ihr eigener. Da weiß man besser, wie was funktioniert und sich anfühlen kann. Das heißt aber nicht, daß es keine Unterschiede bei den Gefühlen und Reaktionen gibt. Schließ nicht zu schnell von dir auf andere. Auch wenn dich etwas geil macht, kann es sein, daß dein Partner gar nicht darauf steht.

[Liebe und

Beziehungen begleiten uns durch das ganze Leben. Zuerst sind es die Eltern, dann kommt die Freundin und irgendwann – vielleicht – die Frau fürs Leben. Es muß aber nicht immer so aufwendig sein. Auch Freundschaften sind Beziehungen, sehr wichtige sogar. Und das Verhältnis zu den Mitschülern und Lehrern – alles Beziehungen. Hier interessieren uns vor allem die Liebesbeziehungen, denn die machen uns am meisten Freude – und den größten Streß. Wie wir damit umgehen, kannst du in diesem Kapitel nachlesen.

Wenn du noch keine Freundin hast, dann sind vielleicht trotzdem einige Punkte unter *Liebe und Beziehung* für dich interessant. *Traumfrau, Kennenlernen* und *Anmache* zum Beispiel beschäftigen sich mit der Zeit vor einer Beziehung. Da *Freunde* sehr wichtig sind, könnte auch dieser Punkt für dich Informationen bereithalten. Auch die Zeit ohne Partnerin ist wichtig. Wir können dann herausfinden, was wir wirklich wollen. Ohne Freundin geht das manchmal leichter als mit.

Beziehung]

… für manche ist es auch der Traummann, je nach sexuellem Verlangen. Um es aber einfach zu machen, schreiben wir von der Traumfrau – schwule Jungs mögen sich dabei bitte den Mann ihrer Träume vorstellen.

Jeder Junge, jeder Mann hat ein bestimmtes Bild seiner Traumfrau im Kopf. Meistens beziehen sich die Träume auf das Aussehen, manchmal aber auch auf das, was die Frau tut, ist oder ausstrahlt. Der Phantasie sind dabei keine Grenzen gesetzt, jeder kann und darf sich seine Traumfrau bis ins kleinste erträumen und sich in ihrem Licht sonnen. Doch wir wollen uns hier mit der Wirklichkeit befassen: Gibt es sie überhaupt, kann man sie kriegen, und wie findet man sie – falls sie nicht nur ein lebenslanger Traum ist?

Manche haben sie schon gefunden – aber für wie lange?

Es gibt Jungs, die sehen ein Mädchen, finden, das ist ihre Traumfrau, und haben Erfolg bei ihr. Vielleicht hält die Sache eine Weile, vielleicht sogar noch länger. Es kann aber auch sein, daß sich die Traumfrau nach kurzer Zeit als Flop erweist. Dann geht die Suche von vorne los. Andere Möglichkeit: Ein Junge sieht die Traumfrau, sie kommen zusammen, er ist völlig neben sich, kann es nicht fassen, tickt aus – und sie haut ab. Oder: Ein Junge lernt ein Mädchen kennen, die zunächst gar nicht seine Traumfrau ist. Mit der Zeit wird ihm klar, sie ist es, und er hat's nur nicht gemerkt. Vielleicht findet jemand auf der Suche nach der Traumfrau auch viele Freundinnen – platonisch, also ohne Sex. Der eine ist darüber glücklich; ein anderer leidet und muß weitersuchen.

Wir können nicht sagen, ob es *die* Traumfrau gibt oder nicht. Denn das hängt von jedem selbst ab: Welche Vorstellungen habe ich, welche Erwartungen, wie finde ich mich selbst, und wie

wichtig ist mir letztendlich die Verwirklichung meines Traumes. Manche sehen in jeder Frau, in die sie sich verlieben, eine Traumfrau. Das ist doch auch eine Möglichkeit.

Manchmal lebt die Traumfrau schon bei uns – wir haben es nur noch nicht gemerkt

Wenn jemand immer nur seine Traumfrau im Kopf hat und alle anderen Chancen, die sich ihm bieten, sausenläßt, dann ist das schon schade. Bei manchen ist es auch so, daß sie sich nie auf eine Frau richtig einlassen, weil sie immer noch hoffen, die Prinzessin kommt vorbei. Auch das ist schade. Denn wir können nicht planen, wann und ob sie uns überhaupt über den Weg läuft. Es gibt jedoch Menschen, die haben ihr Glück gefunden. Dazu muß man allerdings bereit sein. Wer die Traumfrau finden und erobern will, braucht Kraft, um sich auf sie einzulassen. Denn wenn wir einen Menschen sehr mögen und ihn dann bekommen, haben wir auch große Angst, ihn wieder zu verlieren. Eifersucht, Verlassensängste, Konkurrenten, das alles will bewältigt werden, wenn man sich auf eine Traumfrau einläßt. Daran scheitern schon einige. Wer die Traumfrau finden will, sollte sich zuallererst selbst mögen – und damit haben viele Menschen Schwierigkeiten. Oft zweifeln wir an uns. Sind wir es auch wert, die Traumfrau zu bekommen? Wird sie uns überhaupt mit dem Hintern ansehen? Können wir sie halten, wenn wir sie haben? Sind wir dann auch ein guter Liebhaber, wo es doch soviel andere Männer gibt? Die Suche nach der Traumfrau hat also viel damit zu tun, an sich selbst zu arbeiten.

Wer sich nicht mag, wird sie auch nicht finden

Nun gibt es aber genügend Menschen, die leben in einer glücklichen Beziehung, ihre Freundin oder Ehefrau ist jedoch nicht die Traumfrau, die sie sich immer gewünscht haben. Wenn sie ihre Traumfrau treffen würden, dann hieße das noch nicht einmal, daß sie ihre Partnerin dafür verlassen würden. Sie haben ihre persönliche Traumfrau dorthin geschickt, wo sie womöglich ganz gut aufgehoben ist – Ins Reich der Träume.

Viele Jungs träumen von Frauen, die wahrlich unerreichbar sind. Trotzdem ist das Träumen auch wichtig – es führt uns zu unseren Wünschen und Sehnsüchten, die wir gerade an Frauen ausleben können, die unerreichbar sind. Denn wo sonst haben wir die Möglichkeit, all unsere kindlichen Träume auszuleben, ohne Angst haben zu müssen, verlassen, enttäuscht oder vereinnahmt zu werden?

Flirten und Anmache

Der Filmheld betritt den Raum, läßt seinen Blick über die anwesenden Frauen wandern und hat nach wenigen Momenten die Richtige erspäht. Blick hin, Blick zurück, freches, aber charmantes Grinsen, ein paar lockere Bemerkungen. Sie lächelt, er setzt sich zu ihr, das Gespräch ist mit witzigen Anspielungen gespickt. – Schnitt. – Schon sitzen die beiden bei ihr auf dem Sofa mit einer

Tasse Kaffee, und die schon geöffnete Tür zum Schlafzimmer ist im Hintergrund zu sehen ...

Tja, so läuft das in Hollywood. Und selbst wenn er am Anfang eine Abfuhr kriegt, weil es so im Drehbuch steht – er bleibt der Held, und am Schluß kriegen sie sich doch.

Wir leben nicht im Film

Blöd ist, daß es für das Leben kein Drehbuch gibt, in dem steht, wer sich wie verhalten muß. Wir wissen vorher nicht, ob unser Gegenüber auf Flirtversuche eingehen wird. Und man ist sich im Ernstfall manchmal gar nicht sicher, ob man sich jetzt trauen will oder doch lieber den Mund halten, weitergehen und auf eine bessere Gelegenheit warten sollte.

Also versuche lieber nicht, Filmflirts nachzumachen. Sicherlich kann man sich aus Filmen und Fernsehen ein bißchen was abgucken. Damit die Anmache so toll läuft, wie wir sie dort sehen, haben die Darsteller lange geprobt, und vor allem, sie spielen nur, es ist ihnen nicht wirklich Ernst.

Wenn wir an jemandem interessiert sind, womöglich an ein Mädchen herankommen wollen, in das wir heimlich ein bißchen verliebt sind, ist es normal, aufgeregt und nervös zu sein. Zeit zum Proben haben wir auch nicht, denn Flirts ergeben sich meistens ganz spontan und ungeplant. Statt eines genialen Einfalls, wie man jetzt locker einen Flirt anfangen kann, hat man dann höchstens Muffensausen und feuchte Hände – und schon ist die gute Gelegenheit verpaßt. Hinterher kommen dann die Ideen, und wir ärgern uns, weil wir plötzlich wissen, wie wir es hätten machen können – mit welchem kleinen Trick wir die Aufmerksamkeit hätten gewinnen können, und die passende witzige Bemerkung fällt uns jetzt, wo es zu spät ist, natürlich auch ein.

Wer unter Druck steht, kann nicht flirten

Unter Streß funktioniert Partnersuche nicht. Je mehr Erfolgsdruck wir uns machen, desto weniger klappt es, weil wir viel zu angestrengt und verkrampft versuchen, originell, intelligent, witzig und spontan zu sein. Flirten ist ein Spiel – es soll Spaß machen und nicht zur mühsamen Baggerei werden. Versuch dir zu sagen: «mitmachen ist wichtiger als gewinnen». Mit dieser Regel im Kopf kannst du dir selbst die Erlaubnis geben, einfach draufloszuprobieren, ohne daß ihr gleich heiraten müßt. Flirten lernt man beim Flirten. Erforsche mal, wie es andere Jungs anstellen. Leg dich an einem Sommertag auf die Wiese im Schwimmbad und beobachte, mit welchen Tricks und Spielchen sie versuchen, Mädchen anzumachen und womit sie erfolgreich sind. Du kannst auch deinen besten Freund mitnehmen, und ihr macht euch einen Spaß daraus, Noten zu verteilen für die gelungensten Flirtaktionen. Vielleicht werdet ihr dabei so locker und mutig, daß ihr eure eigenen Ideen ausprobieren wollt.

Die Chancen der Schüchternen

Das Wichtigste und zugleich Schwierigste bei der Anmache ist, die Dinge laufen zu lassen und natürlich zu bleiben. Wenn du eher ein schüchterner Typ bist, hilft es nichts, dir Draufgängermethoden auszudenken – mit denen blamierst du dich, weil du sie dann doch nicht hinkriegst.

Viele Mädchen finden außerdem schüchterne Jungen total süß. Vielleicht hast du mit deinem Problem in Wirklichkeit eine tolle Masche drauf und mußt dich nur trauen, etwas daraus zu machen. Statt dich heimlich zu schämen und schnell wegzulaufen, wenn du rot wirst, laß es sie mitkriegen. Leg die Hände vors Gesicht und blinzel durch die Finger – damit bringst du sie bestimmt zum Lachen und hast einen Grund, sie anzusprechen. Markier auch nicht den furchtlosen Kerl vor der Achterbahn, sondern sag lieber: «Da trau ich mich nur rein, wenn du mitfährst.» – Ein Junge, der mutig zugibt, daß er Angst hat, beeindruckt Mädchen immer.

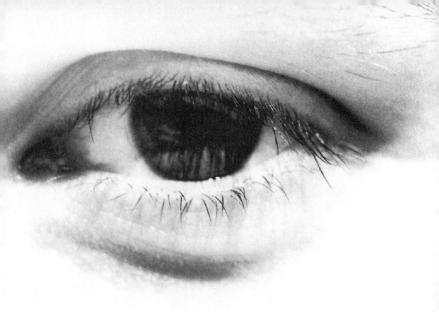

Auf die Augen kommt es an

Das englische Wort «flirt» kann man mit liebäugeln übersetzen. Und mit den Augen fängt es fast immer an – es sei denn, wir flirten am Telefon oder im Internet-Chat. Das heißt erstens, wir müssen uns trauen hinzugucken, wenn uns jemand interessiert, und zweitens, mitkriegen, wenn wir angeschaut werden. Wenn der Blickkontakt entsteht, können wir testen, was sich daraus machen läßt. Blinzeln oder Zwinkern, Augenbrauen hochziehen, kurz weg- und wieder hingucken, über die Sonnenbrille schielen – die Augensprache bietet eine Menge Möglichkeiten. Dann fehlt nur noch ein Lächeln – mal verträumt romantisch, mal frech grinsend, welcher Gesichtsausdruck gerade angesagt ist, muß sich aus der Situation ergeben.

Solche Miniflirts dauern manchmal nur ein paar Sekunden. Sie machen Spaß und gute Laune. Und außerdem sind sie ein gutes Mittel, das Selbstbewußtsein zu stärken, weil wir spüren, daß andere uns beachten und interessant finden.

Es kribbelt, es funkt, die Spannung steigt

Wenn wir mehr wollen, stellt sich jetzt die Frage, wer den nächsten Schritt macht. Jungen denken normalerweise, sie müssen immer aktiv sein – ein bißchen abwarten und kommen lassen gehört aber auch zu Anmachspielen. Vielleicht ist es viel spannender, erst mal zu schauen, was sie macht, und dann darauf zu reagieren.

Wenn es weitergeht, kommt die nächste Hürde: Was sage ich? Auch wenn es seltsam klingt, aber eigentlich ist es ganz egal. Für den Flirt ist der Inhalt des Gesprächs nicht so wichtig, sondern daß miteinander geredet wird. Es spielt keine Rolle, ob man eine Bemerkung über das Wetter macht oder einen Witz über den Geographielehrer. Wenn man sich dabei tief in die Augen schaut, kann das Sätzchen «Puh, ist das heiß hier» schon eine sehr erotische Anmache sein.

Keine Chance für Trampeltiere

Keine Chance hast du auf die plumpe Tour – Poklapse und -kniffe sind megaout, und Sprüche wie «Hallo Süße, wie wär's mit uns zwei?» verdienen die Antwort: «Bestimmt total blöd!» Mädchen wollen ernst genommen werden und sich gemeint fühlen. Wenn du wild in der Gegend herumbaggerst, um deine Kumpel zu beeindrucken, darfst du dich nicht wundern, wenn es Abfuhren hagelt und du mit der Zeit einen schlechten Ruf bekommst.

Flirten ist immer auch von der Tagesform abhängig. Schlecht gelaunt oder bedrückt ist niemand in der Lage, eine lockere Anmache hinzulegen. Dabei könnte man gerade dann einen tollen Flirt zum Aufheitern besonders gut gebrauchen. Aber leider müssen wir lernen, damit zu leben, daß wir in solchen Situationen nicht besonders attraktiv sind.

«Wie und wo finde ich eine Freundin?» – die Frage beschäftigt irgendwann fast jeden Jungen. Dahinter steckt immer auch ein bißchen Streß – man fühlt sich minderwertig, weil man keine Partnerin hat. Die Umwelt sorgt dafür, daß man dem Thema nicht ausweichen kann. Tante Inge fragt: «Hast du denn schon eine Freundin?», und die Klassenkameraden tratschen: «Der ist noch nie mit einem Mädchen gegangen.» Man kriegt das Gefühl, nicht normal zu sein, wenn man sich nicht endlich verliebt und eine Freundin vorzeigen kann. Einige Jungs baggern deshalb irgendwann jedes Mädchen an, bis es klappt, nur um mitreden zu können. Ob man damit glücklich wird, ist eher fraglich. Denn all das setzt unter Druck.

Es passiert meistens dann, wenn wir gar nicht damit rechnen

Der Zufall spielt beim Kennenlernen eine der wichtigsten Rollen – laß dir mal von Paaren erzählen, wie sie sich begegnet sind. Du wirst sehen, daß es den meisten passiert ist, als sie gar nicht damit gerechnet hatten. Wenn man die Dinge einfach geschehen läßt und nicht die ganze Zeit krampfhaft sucht, ist man viel offener für spontane Begegnungen. Es kann überall passieren. Wenn du auf der Suche nach Mutters Backzutaten im Supermarkt mit einem Mädchen ins Gespräch kommst. Wenn du beim Wochenendausflug die Tochter von Vaters Arbeitskollegen triffst. Wenn ein Freund seine Schwester mit zum Fußballplatz bringt und so weiter. Die Möglichkeit besteht immer, jemanden kennenzulernen, wenn du unter Leuten bist – in der Disco oder im Jugendzentrum genauso wie in der Schule oder im Schwimmbad.

Unter Leute gehen – vielleicht hast du Glück

Kennenlernen läßt sich nicht erzwingen – aber du kannst dem Zufall ein bißchen auf die Sprünge helfen. Zum Beispiel mit einer

Kontaktanzeige in einer Jugendzeitschrift oder im Radio. Mach eine witzige, aber ehrliche Aussage über dich, und beschreib kurz, was du suchst: Wenn ein cooler Kerl mit viel Gefühl, sechzehn Jahre, braune Augen, blonde Haare, ein starkes Mädchen für schwache Momente sucht, darfst du dir bestimmt Chancen ausrechnen.

Verlieben

Es gibt wohl kaum etwas Schöneres, als wenn sich zwei Menschen ineinander verliebt haben. Dann fühlen wir uns leicht, albern herum und wundern uns, worüber wir uns gestern noch den Kopf zerbrochen haben. Wir verbringen Stunden neben dem Telefon in der Hoffnung, es möge doch endlich klingeln. Wir verstehen plötzlich einen dämlichen Popsong, der uns sonst eher angenervt hatte. Wir grüßen mit Leidenschaft Leute, die wir eigentlich zum Kotzen finden. Wir gackern mit der Verkäuferin, die uns früher kaum aufgefallen ist. Wir schwatzen mit Gott und der Welt, entdecken unsere Liebe zu Kindern, knuddeln mit kleinen Hunden und verstehen gar nicht, daß es irgend jemanden auf der Welt gibt, dem es nicht so blendend geht wie uns. Wir reden wirres Zeug, das wir selbst nicht verstehen, finden uns in einer Buchhand-

lung wieder und wollten eigentlich Eier kaufen, patschen in un-
übersehbare Pfützen, die ausge-
schildert waren, und gehen aufs
Klo, obwohl wir doch eigentlich in
die Küche wollten. Im Bus bezah-
len wir mit unserer Krankenver-
sicherungskarte, für den Sport-
unterricht haben wir die langen
Unterhosen eingepackt. Unsere
Eltern finden wir dämlicher denn
je, und all die Miesepeter aus der
Clique – mit denen können wir
jetzt gar nichts mehr anfangen.

Verliebte sind schön

Wenn wir glücklich verliebt sind,
sehen wir beneidenswert gut aus.
Wir bekommen Angebote von Leuten, die uns sonst nicht mit
dem Hintern angesehen haben. Und wenn sie's wieder nicht
tun, ist es uns auch egal. Wir denken ganz oft an unseren Star
und schmieden Pläne für die Zukunft. Wir glotzen Löcher in die
Luft, während andere krampfhaft versuchen, sich mit uns zu unterhalten. Wir sind empfindsam und leicht zu verletzen; wir sind
ein wenig schüchtern und immer ein bißchen neben uns. Unser
Körper ist warm bis heiß, und der Sex ist viel kribbeliger als
sonst.

Warum gerade die, warum gerade der?

Oft wissen wir nicht, warum es uns gerade zu dieser Frau oder
zu diesem Mann hinzieht. Ist es das Aussehen, der Charme, die
Persönlichkeit oder alles zusammen? Wir fragen uns zwar immer: warum die, warum der? Aber eigentlich ist uns das Warum auch egal. Manchmal ist es so, daß wir uns sofort verlieben –

auf den ersten Blick sozusagen. Manchmal verlieben wir uns erst später, wenn wir den anderen kennenlernen. Die Gefühle sind auch nicht immer gleich heftig. Mal sind wir sehr stark verschossen, mal nur ein bißchen. Beides kann sehr schön und intensiv sein. Und dann kann es passieren, daß das verliebte Gefühl ganz plötzlich aufhört – weiß der Geier, warum. So schnell das Gefühl kommen kann, so schnell kann es auch wieder verschwinden.

Kleine Fallen, in die Verliebte tappen

Verliebte sind also im siebenten Himmel – und auch dort gibt es kleine Fallen, die zuschnappen können, wenn man nicht aufpaßt. Deshalb wollen wir uns die jetzt mal etwas genauer ansehen:

→ Falle 1: *Klammeräffchen.* Manche Verliebte neigen dazu zu klammern. Sie wollen nur noch mit der Geliebten zusammen sein und belagern sie Tag und Nacht. Sie rufen sie ständig an oder leiden still, aber vorwurfsvoll vor sich hin, wenn ihnen etwas nicht paßt. Sie sind rasend eifersüchtig und fürchten nichts mehr, als daß sie verlassen werden. All das ist normal und kann jedem so gehen – in Maßen. Wenn es zuviel wird, kann das unsere Partnerin

erdrücken. Die Gefahr ist dann, daß sie wirklich abhaut. Wenn du merkst, daß du klammerst, solltest du dich ganz bewußt zurücknehmen. Dich wieder deinen Sachen widmen, die du vor der Beziehung auch gemacht hast und die dir Spaß machen. Warte mal ab, bis sie sich wieder meldet. Ein bißchen braucht sie auch das Gefühl, daß sie um dich werben muß.

→ Falle 2: *Osterhäschen.* Wen es so richtig erwischt hat, der möchte sich am liebsten nur noch mit der Geliebten treffen. Manche vernachlässigen dabei ihr gewohntes Leben – ihre Freunde, ihre Hobbys, ihren Alltag. Das alles ist normal. Es kann aber auch passieren, daß das Ganze kippt und wir uns so tief eingelassen haben, daß uns unser eigenes Leben völlig aus der Hand gerutscht ist. Dann fühlen wir uns unwohl. Wir merken, daß wir nicht mehr wir selbst sind, daß wir der Partnerin nicht mehr sagen, was wir denken, daß wir nicht mehr tun, wonach uns ist. Daß wir unsere ganze Energie nur noch in die Freundin stecken und nicht mehr wissen, was wir selbst eigentlich wollen. Daß uns die ganze Sache unangenehm anstrengt, daß wir uns klein und mickrig fühlen. Dann sitzen wir wie ein Osterhäschen da: Öhrchen hinten angelegt, Pfötchen auf dem Tisch.

Im Grunde sind wir gerade dann dabei, uns selbst zu verlieren – und die Freundin. Und um das zu verhindern, sollten wir unser eigenes Leben nicht aus den Augen lassen. Wir sollten wei-

terhin unsere Freunde behalten und Dinge tun, die uns Spaß
machen, auch ohne die Freundin. Denn dann bleiben wir interessant.

→ Falle 3: *Aufgeblasener Frosch.* Verliebte übertreiben gerne. Besonders Männer. Sie machen sich interessanter, als sie sind. Machen sich stärker, als sie sind, machen sich potenter, als sie sind.
Das kann aber auch in die Hose gehen. Wenn sie das alles nicht
einlösen können und wenn die Freundin das Spiel durchschaut –
dann wird es peinlich. Kleiner Tip: Vielleicht mögen es ja einige
Frauen ganz gerne, wenn man ein bißchen angibt. Einigen
schmeichelt das. Aber bitte nur mit Dingen, die man auch kann.
Also bitte keinen Porsche vortäuschen, wenn man ein Klapprad
fährt. Das törnt nämlich ab.

→ Falle 4: *Blindfisch.* Verliebte sehen die Partnerin so, wie sie sie
sehen wollen – nicht wie sie ist. Sie bauen sich eine Traumfrau zu-
recht, die es so in dieser Form in Wirklichkeit nicht gibt. Kleine
Macken und große Fehler bleiben ihnen dabei verborgen. Ohne

das wäre das Verliebtsein nur halb so schön. Doch wir müssen auch aufpassen, daß wir nicht enttäuscht werden, weil wir die ganze Zeit einer Fata Morgana hinterhergelaufen sind. Daß wir plötzlich merken: «Sie liebt mich ja gar nicht so sehr» oder «Oje, die ist ja ganz furchtbar».

Streß im Bett

Solche Probleme in der Liebe sind ganz normal. Sie kommen daher, daß Verliebtsein ein sehr starkes Gefühl ist, das uns ins Schleudern bringen kann. Vielen passiert es auch, daß es im Bett nicht so klappt, wie sie sich das vorstellen. Manche sind verkrampft und haben Angst, sich danebenzubenehmen. Andere kriegen keinen hoch. Wieder andere kommen zu früh. Das liegt daran, daß sie anfangs noch unsicher sind, ob sie von der Freundin auch begehrt werden. Sie haben Angst, daß, wenn sie ihre ganze Zuneigung, ihre ganze Leidenschaft zeigen, die Freundin sagt: «Ich will dich aber nicht.»

Sie haben also Angst, enttäuscht zu werden. Daher schützen sie sich vor einer Ablehnung, indem sie ihre ganze Lust und Leidenschaft, also auch ihren Schwanz, zurückziehen. Das alles geschieht in der Regel unbewußt. Was viele aber deutlich spüren, ist die Angst zu versagen. Je verliebter sie sind, desto mehr geraten sie unter Leistungsdruck. Das alles geht aber meist vorbei. Wenn du mehr Vertrauen in sie gefaßt hast, klappt es meistens auch. Ansonsten lies unter *Sexuelle Probleme* nach – das steht ein bißchen mehr dazu.

Angst, enttäuscht zu werden

Es gibt aber noch eine andere Möglichkeit, sich vor Enttäuschungen zu schützen: manche lassen sich gar nicht erst auf die Liebe ein. Sie sprechen das hübsche Mädchen nicht an, weil sie spüren, das könnte gefährlich werden. Sie brechen den Kontakt zu einem Menschen ab, weil sie sich mehr erhoffen, als sie bekommen. Sie gehen eine Beziehung nur ein mit einem Partner, in den sie nicht wirklich verliebt sind. Leider schützen wir uns auf diese Art und Weise nicht nur vor traurigen Gefühlen – wir erleben auch keine Höhenflüge. Und genau das ist eigentlich ganz schön schlimm.

Unglücklich verliebt

Wir wollen das Kapitel nicht beenden, ohne uns den Unglücksraben zu widmen – den einseitig Verliebten. Fast jedem Menschen ist es schon einmal passiert, daß er unglücklich verliebt war. Manche schwärmen heimlich. Sie himmeln ein Mädchen oder einen Jungen an, ohne daß die oder der das überhaupt mitkriegt. Andere gehen damit offen um: Sie knallen derjenigen oder demjenigen die Gefühle um die Ohren – nur leider stößt das Getöse nicht auf Gegenliebe. Die zweite Gruppe kommt meistens besser damit klar, weil sie ihre Gefühle rausgelassen hat. Das befreit. Außerdem killt es falsche Hoffnungen. Heimliche Schwärmer leiden oft mehr und länger.

Einseitig verliebt muß aber nicht immer unglücklich sein. Es kann auch eine harmlose Liebelei sein, die das Leben anpeppt. Quälend wird es dann, wenn die Gefühle zu stark werden und man sich dauernd Hoffnungen macht – für nichts und wieder nichts.

Sprich mit Freunden

Egal, welche Probleme mit der Liebe auftauchen, es ist immer gut, mit Freunden darüber zu sprechen. Die haben nämlich oft einen besseren Überblick als man selber. Viele haben vielleicht was ähnliches erlebt und können dir Tips geben. Oder sie können beobachten, ob du bei deinem Schwarm überhaupt Chancen hast. Außerdem erleichtert es ungemein, darüber zu sprechen oder nur zu hören, daß andere gleiche Tragödien hinter sich haben. Wenn man immer nur alleine vor sich hin brütet, kommt man schlecht da raus.

Zusammensein

In jeder Liebesbeziehung lernen wir uns selbst besser kennen. Wir merken, was uns gefällt und was uns nicht gefällt. Wir entdecken, wo unsere Grenzen sind, was wir dulden können und was nicht. Wir spüren, was uns guttut, welche Menschen wir anziehend finden und wie wir auf andere wirken. Insofern ist jede Beziehung ein Schritt nach vorne, egal wie gut oder schlecht die Beziehung war. Gerade aus schlechten Beziehungen lernen wir viel – was wir falsch machen, wie wir es anders machen können, wo unsere Schwachstellen sind.

Mit jeder Beziehung lernen wir ein wenig mehr

Oft sind die Beziehungen, die Jungs und Mädchen während und kurz nach der Pubertät miteinander eingehen, sehr kurzlebig. Man kann sagen: je jünger die Partner, desto kürzer die Beziehungen. Viele Achtzehnjährige haben schon wesentlich stabilere Beziehungen als Vierzehnjährige – falls sich die überhaupt schon gebunden haben. Das ist natürlich nicht immer so, aber oft. Auch hier geht es ums Lernen. Viele Jugendliche probieren sich aus: Sie üben sozusagen, wie man Beziehungen führt. Sie lernen unterschiedliche Mädchen kennen und machen dabei die Erfahrung, daß jedes Mädchen anders ist. Sie entdecken Verliebtsein und Sexualität, Trennung und Liebeskummer. Das heißt nicht, daß Erwachsene nicht lernen in ihren Beziehungen – ganz im Gegenteil, die Beziehungen dauern nur länger. Jeder Mensch schleppt irgendeine Macke mit sich herum, die sich in Beziehungen bemerkbar macht. Der eine ist besonders eifersüchtig, der andere trifft immer nur Frauen, die ihn betrügen, jemand anders hat ständig Angst, die Freundin zu verlieren, ein anderer kann eine Beziehung nie richtig genießen, weil er am liebsten immer gleich weg will, manche klammern zu sehr, andere lassen sich nicht richtig ein.

Egal, welche Schwächen wir bei uns entdecken: in Beziehungen können wir sie kennenlernen und – wenn es uns gelingt – bewältigen.

Viele Jungs sind noch zu haben

Viele Jungs haben noch gar keine Beziehung gehabt. Auch diese Erkenntnis ist wichtig. Indem wir allein leben, haben wir genug Zeit und Raum, um herauszufinden, was uns wichtig ist, was wir wollen. Vielleicht ist uns das richtige Mädchen, die richtige Frau noch nicht über den Weg gelaufen – vielleicht wollten wir auch noch nicht. Auf jeden Fall solltest du dich nicht unter Druck setzen, wenn du sozusagen Single bist, nur weil einige um dich herum schon eine Freundin haben. Jeder Mensch hat sein eigenes Tempo, und wenn du momentan ohne bist, dann hat das schon seinen Grund – auch wenn du ihn nicht sofort verstehst.

Liebesbriefe

Viele Jungen finden seitenlanges romantisches Gesülze altmodisch und kommen gar nicht auf die Idee, der Geliebten zu

schreiben. Dahinter steckt oft die Angst, «ich kann so was nicht, ich blamiere mich bestimmt, sie lacht über das, was ich schreibe».

Doch Liebesbriefe schreiben kann jeder, dafür muß man kein Schriftsteller oder Dichter sein. Wir sollten allerdings ein bißchen mutig sein, denn es geht darum mitzuteilen, was wir für einen anderen Menschen empfinden, also Sätze hinschreiben wie: «Ich bin verliebt in dich», «Ich habe Sehnsucht nach dir». Wenn du deine Gefühle in einem Brief beim Namen nennst, schreib einfach so, wie du reden würdest – das ist völlig okay und wird bestimmt verstanden. Du kannst auch ein Gedicht daraus machen, wenn du Spaß daran hast.

Wenig Worte – viel Gefühl

Es ist einfach toll, Post von seinem Schatz zu bekommen, wenn man verliebt ist – auch wenn man sich fast täglich sieht. Für das Gefühl ist es nicht wichtig, daß große Botschaften drin stehen.

Aber wenn dir Briefe schreiben so gar nicht liegt, versuch es mal mit Postkarten – daraus kannst du Liebesbriefe fast ohne

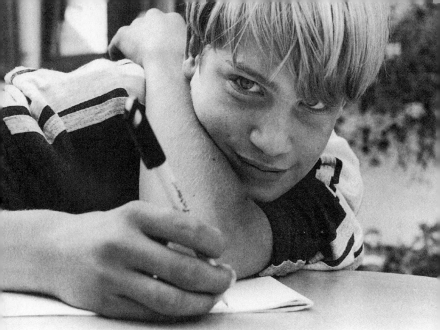

Worte machen. Wenn du ihr nach eurem ersten Date sagen willst, wie verliebt du bist, kauf eine Postkarte mit einem Feuerwerk oder einem Blitz, schreib «wow» oder «toll» drauf oder mal ein dickes rotes Herz, dann weiß sie, daß dir vor Begeisterung die Worte fehlen. Aber auch wenn ihr schon einige Zeit zusammen seid, wird eine liebevoll ausgesuchte Karte mit «Schön, daß es dich gibt!» ihre Wirkung bestimmt nicht verfehlen.

Küsse per Fax oder e-mail

Vielleicht geht es bei euch aber auch viel moderner zu: per Fax oder e-mail lassen sich natürlich auch Liebesbriefe verschicken. Beim Fax solltest du allerdings sicher sein, daß nicht der kleine Bruder deine Liebesschwüre aus dem Gerät fischt und sich einen Spaß daraus macht, es allen Leuten in der Straße zu zeigen.

Manchmal wird ein Liebesbrief auch nie abgeschickt. Womöglich hat der Mut zum Schreiben gereicht, aber nicht mehr für den Weg zum Briefkasten. Vielleicht weiß die Angebetete auch nichts von ihrem Glück und soll es nie erfahren, weil sowieso nichts draus werden kann. Dann war der Brief eine Möglichkeit, sich seine Gefühle von der Seele zu schreiben.

Alte Liebesbriefe wieder herauszukramen und sie gemeinsam zu lesen kann wunderschön sein und die Gefühle von damals plötzlich wieder lebendig werden lassen. Briefe von einer vergangenen Liebe noch einmal zu lesen kann schöne Erinnerungen wecken, aber auch sehr traurig machen. Manchmal hilft eine Liebesbriefverbrennung, um endgültig zu fühlen, daß man sich getrennt hat.

Treue

Viele Menschen können sich vorstellen, selbst einmal fremdzugehen. Sie werden das vielleicht nicht immer zugeben – aber wer ehrlich zu sich selbst ist, kennt das Gefühl, wie reizvoll es ist, einmal mit einer Frau oder einem Mann außerhalb der Beziehung zu schlafen. Das liegt daran, daß uns unbekannte Menschen auf eine besondere Art und Weise sexuell reizen. Nicht jeder Fremde und nicht zu jeder Zeit in unserem Leben, aber manchmal. Ein anderer Grund ist, daß wir nicht immer alle unseren sexuellen Bedürfnisse in jeder Beziehung befriedigen können.

Der Wunsch fremdzugehen ist normal – deswegen muß man es nicht gleich tun

Wenn uns vielleicht gerade mal danach ist, etwas härter ranzugehen, und unserer Partnerin das überhaupt nicht gefällt, dann stehen wir erst mal alleine da mit unserem Wunsch. Oder wir möchten gerne mal etwas Verrücktes ausprobieren und unsere Partnerin steht eher auf Vögeln ohne Firlefanz, dann paßt das gerade nicht. Also springen wir womöglich ganz spontan mit jemandem in die Kiste – ohne daß die große Liebe dabei ist.

Allerdings sieht die Sache ganz anders aus, wenn unsere Partne-

rin fremdgeht. Dann hängt der Haussegen schief. Wir werden wütend, fühlen uns verlassen, brennen vor Eifersucht. Wenn es ganz schlimm kommt, beenden wir die Beziehung. So etwas nennt man Doppelmoral. Einerseits gehen wir – zumindest in Gedanken – fremd, andererseits erlauben wir es der Partnerin nicht. Wir verlangen unbedingte Treue.

Wenn Paare frisch verliebt sind, dann haben sie nie und nimmer das Bedürfnis fremdzugehen – sonst sind sie nicht verliebt. Das ändert sich schnell, wenn der Alltag die Beziehung einholt. Dann kann es ab und zu mal vorkommen, daß der eine oder die andere an einen Seitensprung denkt. Daran ist nichts Schlimmes, das ist sogar ganz normal. Schlimm wird es erst, wenn einer von beiden wirklich einen Seitensprung gewagt hat und der andere so verletzt ist, daß er sich trennt, obwohl der Seitensprung nichts mit Untreue zu tun hatte. Dazu eine kleine Geschichte:

Abigail und Gregor

Abigail war ein junges Mädchen, das an einem großen Fluß lebte. Der Fluß war voll von Krokodilen und kleinen giftigen Schlangen. Abigail hatte einen Freund, den sie sehr liebte. Der Freund hieß Gregor und lebte auf der anderen Seite des Flusses. Es gab eine kleine Brücke, über die sie gehen konnten, wenn sie sich besuchen wollten. Weit und breit war kein anderer Übergang. Doch dann geschah etwas Furchtbares. Ein großes Unwetter hatte die Brücke zerstört. Abigail war außer sich vor Verzweiflung. Doch dann hatte sie eine Idee. Zum Glück gab es nämlich den Fischer Sindbad, der das einzige Boot in der Gegend besaß. Sie bat Sindbad, sie hinüberzufahren. Sindbad willigte ein, stellte jedoch eine Bedingung. Abigail sollte mit ihm schlafen. Das wollte sie aber auf keinen Fall, denn sie liebte Sindbad nicht und wollte deshalb auch nicht mit ihm schlafen. Sie fragte ihre Mutter um Rat. Die sagte: «Schau, Abigail, du bist jetzt ein großes Mädchen. Du mußt selbst wissen, was du tust!» Sprach's und ging ihren Geschäften nach. Abigails Sehnsucht nach Gregor war aber sehr groß. Also schlief sie am nächsten Abend mit Sindbad. Der hielt sein Versprechen und brachte sie zu Gregor.

Nach einigen glücklichen Stunden mit Gregor merkte Abigail, daß sie ihm sagen wollte, was vorgefallen war. Sie erzählte von Sindbads Erpressungsversuch und daß sie darauf eingegangen war. Gregor war außer sich vor Wut: «Was hast du da getan? Du hast mit Sindbad geschlafen? Vergiß uns beide, jetzt ist alles aus. Ich will dich nie mehr wiedersehen!» Abigail weinte die ganze Nacht. Am nächsten Morgen traf sie einen jungen Mann namens Slug und erzählte ihm von ihrem Kummer. Slug hörte aufmerksam zu und ließ sich von Sindbad über den Fluß fahren. Dann schlug er Gregor zusammen. Abigail sah von ferne zu und fing an zu lachen.

(frei zitiert aus Vogel, Klaus: Interaktionsspiele für Jugendliche, Bd. 1, Teil 3. Hamburg 1992)

Ein kleiner Test: Wie stehst du zu Treue?

Zugegeben, es ist nicht einfach zu sagen, wer in der Geschichte die größte Macke hat. Daher ein kleiner Test. Überlege dir, welche der Personen dir am angenehmsten ist und welche du überhaupt nicht leiden kannst. Gib allen Personen, die mitspielen, einen Platz. Also Abigail, Gregor, Sindbad, Slug, Mutter. Platz eins ist der/die Netteste, Platz fünf der/die Mieseste. Achte besonders darauf, auf welchen Plätzen Abigail, Gregor und Sindbad landen. Daran kannst du sehen, wie du mit Treue oder Untreue in deiner Beziehung umgehen würdest. Frag mal deine Freundinnen und Freunde, wie sie die Personen setzen würden. Vielleicht sehen die das ganz anders ...

Wer sich liebt, kann Untreue verzeihen

Es kann uns sehr verletzen, wenn die Partnerin fremdgeht. Je mehr wir uns selbst lieben und je mehr wir uns von der Partnerin geliebt fühlen, desto eher können wir jedoch einen Seitensprung verzeihen. Je mehr wir dagegen an uns und an der Liebe der Partnerin zweifeln, desto eher hauen wir alles kaputt. Gregor war so ein Zweifler an sich selbst, sonst hätte er versöhnlicher reagiert. Im Grunde hatte er Angst, daß Abigail ihn verläßt, sonst wäre er nicht so wütend geworden (denn in Wirklichkeit ist sie ihm nicht untreu geworden – jedenfalls nicht mit ihren Gefühlen). Am Ende hat er sie aber weggeschickt. Und damit ist genau das eingetreten, was er eigentlich befürchtete. Sie war weg.

Warum ist Treue so wichtig, und was verletzt uns so sehr, wenn der andere untreu wird? Wenn zwei Menschen eine Beziehung miteinander eingehen, kommen sie sich sehr nah – auch körperlich. Für viele ist das Körperliche, also die Sexualität, ein großer Schritt. Sie zeigen sich dem Partner völlig nackt, ohne den Schutz der Kleidung.

Warum wir Treue so wichtig finden

Je nachdem, wie eng die Beziehung ist, lassen die Partner auch andere Schutzmauern fallen. Sie erzählen Dinge, die sie nur wenigen oder niemandem sonst anvertrauen. Sie zeigen ihre sexuellen Bedürfnisse. Sie fühlen sich beim anderen wohl und beschließen, bei ihm zu bleiben. Das alles geschieht – wie gesagt – zusammen mit der Sexualität. Nun kommt jemand von außen, irgendein Sindbad, und dringt in diese intime Zweisamkeit ein.

Und der andere, hier Abigail, hat das auch noch zugelassen. Sie hat ihn eindringen lassen in die kleine Welt, die sich Abigail und Gregor geschaffen hatten. Jetzt wird Gregors Verzweiflung verständlich. Es ist auch klar, daß er wütend war – wer wäre das nicht in so einer Lage. Wir müssen aber lernen, mit dieser Verzweiflung umzugehen.

Wie andere Paare mit Treue umgehen ...

Es kann natürlich sein, daß die Partnerin fremdgeht und die Beziehung verloren ist. Dann stimmte aber auch schon vorher etwas nicht. Es kann aber auch sein, daß die Partnerin fremdgeht, und das Ganze war gar nicht so wild. Dann wäre es doch schade, wenn wir – wie Gregor – alles in den Wind schießen. Wenn wir mit der Partnerin reden, stellen wir vielleicht fest, was beide in der letzten Zeit falsch gemacht haben.

Es gibt Paare, die schwören sich ewige Treue. Sie drohen damit, die Beziehung zu verlassen, falls der andere fremdgeht. Böse Falle, weil – wer will Treue kontrollieren? Absolute Sicherheit hat man nie. Andere versprechen sich Treue und reden drüber, wenn es schiefgeht. Wieder andere gestehen sich Seitensprünge zu,

wollen es aber nicht wissen, wenn der andere fremdgeht. Und
dann gibt es die, die haben Seitensprünge und erzählen sich das
gegenseitig. Viele Paare holen sich auch einen Dritten oder eine
Dritte mit ins Bett. Finde heraus, was dir am liebsten ist, und
stimme dich mit deiner Freundin ab. Wenn ihr früh genug darüber redet, bleiben euch vielleicht unangenehme Überraschun-
gen erspart.

Eifersucht

Ist Eifersucht normal? Sind alle Menschen eifersüchtig? Was kann
man gegen Eifersucht tun? Alles Fragen, die uns oft von Jungen
gestellt werden. Die Antworten sind nicht so einfach. Doch fangen wir erst einmal damit an, was Eifersucht überhaupt ist. Eifersucht verwirrt und quält uns, läßt uns ausrasten oder einschnap-
pen. Sie tut uns weh, macht uns wütend und traurig. Eifersucht
ist die Angst, einen geliebten Menschen zu verlieren und alleine
zurückzubleiben. Sich darüber gelegentlich Gedanken zu machen ist ganz normal und wohl ein natürlicher Bestandteil der

Liebe. Wenn uns etwas viel bedeutet, achten wir auch ganz besonders darauf. Also eigentlich ein recht gesundes Gefühl. So weit, so gut und kein Problem – fragt sich nur, wieviel Eifersucht noch gesund ist und wann die Sache anfängt Streß zu machen.

Alle sind toll – nur wir selbst nicht

Schlimm wird es, wenn wir uns selbst und die Partnerin mit der Eifersucht quälen. Wenn wir uns klein und häßlich fühlen und glauben, alle anderen Männer seien attraktiver als wir. Wenn wir anderen Männern gegenüber mißtrauisch werden und fürchten, überall lauert schon der nächste Liebhaber. War sie wirklich mit ihrer Freundin einkaufen, oder hat sie sich heimlich mit einem anderen getroffen? Warum saß sie im Bus neben dem Typen aus der Parallelklasse – hat sie mit ihm geflirtet? Solche Gedanken tun weh. Manchmal ist unsere Eifersucht berechtigt. Wenn die Partnerin zuwenig Zeit für uns hat oder wenn sie wirklich mit jemand anderem zusammen ist. Oft aber spielt sich alles nur in unserem Kopf ab. Dann sind wir ohne Grund eifersüchtig. Es ist nicht immer leicht zu unterscheiden, ob wir Grund zur Eifersucht haben oder nicht.

Wenn wir grundlos eifersüchtig sind, liegt das vor allem an mangelndem Selbstwertgefühl. Je weniger wir an uns glauben, desto eher befürchten wir, verlassen zu werden. Wir denken dann, alle anderen Jungen sind interessanter, sehen besser aus, können mehr, sind potenter im Bett und so weiter.

Freunde können helfen

Wenn wir uns selbst nicht mögen, fällt es uns obendrein schwer zu glauben, jemand anderes könnte uns freiwillig treu bleiben. Diese Angst kann total zermürbend sein. Ständige Zweifel an ihrer Treue sind obendrein eine der besten Methoden, um jemanden irgendwann wirklich zu vertreiben. Psychologen nennen so etwas eine selbsterfüllende Prophezeiung. Dann erfüllt sich nämlich genau das, vor dem wir eigentlich Angst haben.

119

Wenn deine Eifersucht dich so weit in die Sackgasse getrieben hat, brauchst du dringend Freunde, die dir mal den Kopf waschen und dir helfen, die Dinge wieder klarer zu sehen. Unter *Streß mit dem Körper* und *Wenn wir uns selbst im Wege stehen* findest du Tips und Hinweise, was du tun kannst, um mit dir selbst besser klarzukommen. Vielleicht hilft dir das dann auch, an deiner übertriebenen Eifersucht zu arbeiten. Wenn aber Freunde auch nicht mehr durchblicken, kannst du zum Entwirren von Eifersuchtsknoten auch die Hilfe von Profis in Anspruch nehmen.

Trennung

Solange ein Paar ineinander verliebt ist, träumen beide von der großen Liebe fürs ganze Leben und vergessen ganz einfach die Zeit. Tatsächlich kann aber auch folgendes passieren: das Verliebtsein hört auf, und die Beziehung wird ätzend, weil man merkt, daß man eben doch nicht so gut zusammenpaßt. Was dann? Ist jetzt der Punkt gekommen, wo man Schluß machen sollte?

Niemand kann uns die Entscheidung abnehmen, ob und wann es besser ist, sich zu trennen. Wenn wir aber merken, daß es so nicht mehr weitergeht, ist das ein Zeichen, daß sich nicht nur bei uns selber, sondern auch in der Beziehung etwas verändern muß. Das kann dann bedeuten, daß eine Trennung die nötige Veränderung ist. Das muß aber nicht so sein.

Es war doch schön, was ist bloß passiert?

Es kann sehr unterschiedliche Gründe geben, warum man nicht mehr so weitermachen will wie bisher. Manchmal sind es die großen Eifersuchtsdramen, die zu einer Trennung führen. Es passiert natürlich immer wieder, daß sich jemand neu verliebt und deshalb aus einer Beziehung aussteigt.

Viel öfter aber entstehen Krisen in Beziehungen, wenn das erste Verliebtsein nachläßt und sich Alltag und Routine einschleichen. Dann stellen wir fest, daß der andere auch nur ein Mensch mit kleinen Macken ist. Wir entdecken Sachen an ihr oder ihm, die wir nicht leiden können. Manchmal sind das Sachen, die wir am Anfang ganz toll fanden. Das kann auch viel mit uns selber zu tun haben. Wenn wir zum Beispiel an ihr bewundert haben, daß sie sich immer so gut durchsetzen kann, dann geht uns genau das jetzt vielleicht auf den Wecker. In so einem Fall sollten wir uns fragen, wie es um unsere eigene Durchsetzungsfähigkeit steht.

Oft ist es aber auch so, daß sich Paare trennen, weil sie zuwenig miteinander geredet haben. Sie können zwar über Gott und die Welt miteinander plaudern, aber über sich – da schweigen beide. Kein Wunder, denn es ist auch nicht leicht, dem anderen mitzuteilen, wie es uns selbst mit ihm geht. Ob wir uns wohl fühlen, ärgern, enttäuscht sind oder etwas vermissen. Und außerdem würde dadurch eine Nähe und Intimität entstehen, die wir nicht immer wollen – oder doch? Denn es gibt oft dieses zwie-

121

spältige Gefühl «nicht mit dir und nicht ohne dich». Wenn es zu eng wird, knallt es irgendwann, weil man sich auf die Nerven geht. Manche Paare trennen sich dann. Anschließend vermißt man sich, kriegt Sehnsucht nacheinander und kommt wieder zusammen. Manche Paare gehen deshalb erst auseinander und machen dann doch weiter.

Ich kann ohne dich nicht leben!

Viele Menschen haben eine tiefsitzende Angst vor einer Trennung. Das hat dann nichts mehr mit der Partnerschaft zu tun, in der sie gerade leben, sondern liegt an dem, was sie als Kinder erfahren haben. Vielleicht haben sich die Eltern zuwenig um sie gekümmert, vielleicht ist ein Elternteil weggezogen oder verstorben, vielleicht hat man ihnen oft gedroht, sie zu verlassen. Solche Erlebnisse können einen Menschen lange verfolgen. Gerade in Beziehungen, wo wir vieles, was wir erfahren haben, erneut erleben, kann Trennungsangst zum Problem werden. Wir fürchten dann ständig, die Partnerin könnte uns verlassen. Wir sind rasend eifersüchtig, ohne Grund. Wir klammern uns an die Partnerin und fühlen uns klein und hilflos. So was kennt fast jeder, doch wenn dieser Zustand andauert, kann er auch eine große Belastung werden – für einen selber und für die Partnerin. Oft ist es so, daß Menschen, die unter Trennungsängsten leiden, sich Partner suchen, die genau diese Schwäche finden und ausnutzen – oft unbewußt. So entstehen dann Erpressungsversuche in der Beziehung: «Wenn du nicht das und das tust, dann gehe ich!» Solche Bindungen tun niemandem gut, ganz im Gegenteil. Wir fühlen uns dann in der Beziehung nicht wohl, können aber auch nicht gehen, weil wir den anderen nicht verlieren wollen. Manchmal ist es auch so, daß solche Erpressungen bis zu Selbstmorddrohungen gesteigert werden: «Wenn du mich verläßt, dann bringe ich mich um!»

Wenn du merkst, daß sich bei euch so etwas Giftiges einge-

schlichen hat, solltet ihr überlegen, was das beste wäre: Trennung oder zusammenbleiben. Sich zu trennen kann allerdings manchmal genauso schwierig sein wie zusammenbleiben.

Die anderen haben es schon immer besser gewußt

Viele Jungen machen sich Gedanken darüber, wie andere Menschen reagieren, wenn sie Schluß machen. Was zum Beispiel ihre Freundinnen und Freunde denken oder sagen werden, denn über die Beziehungen von anderen zu tratschen ist eines der Lieblingsthemen der meisten Leute. Was irgendwer denkt oder redet, kann uns ja noch egal sein. Aber die Reaktion unserer Freunde ist uns natürlich gerade bei einer Trennung sehr wichtig. Egal, ob wir selbst den ersten Schritt zur Trennung machen oder ob wir verlassen werden – wir brauchen vertraute Menschen, mit denen wir uns beraten können und die uns Unterstützung geben. Wir möchten, daß sie Verständnis haben und uns trösten und uns nicht auch noch Vorwürfe machen, wir hätten dies und jenes falsch gemacht.

123

Andererseits weiß wohl jeder, wie die Situation ist, wenn man mit beiden Hälften eines getrennten Paares befreundet ist und das Gefühl hat, sich für einen entscheiden zu müssen. Oder wenn beide in einer Freundesclique waren und die Gruppe wegen der Trennung auseinanderbricht.

Dann würde man sich am liebsten einmischen und das ganze Problem mit ein paar guten Ratschlägen lösen. Eine Trennung ist aber so was wie der letzte Akt einer Beziehung. Das müssen die beiden miteinander austragen. Als Außenstehender solltest du dich deshalb mit schlauen Tips und Urteilen, vor allem über die Schuldfrage, lieber zurückhalten.

Kann man aus einer Trennungserfahrung lernen?

Wenn du selbst eine Trennung erlebt und erlitten hast und das Schlimmste verdaut ist, solltest du dir vielleicht mal überlegen, ob du aus der Erfahrung etwas lernen kannst für die nächste Beziehung. Eine Trennung hat ja eine Vorgeschichte, und du kannst hinterher überlegen, was schiefgelaufen ist. Wichtig ist dann, bei dir selbst zu gucken. Mal zu überlegen, ob du vielleicht zu hohe Erwartungen an den anderen oder dich selbst hattest. Oft hilft das, in einer neuen Beziehung mit ähnlichen Problemen anders umzugehen und eine gemeinsame Lösung zu finden.

Eine Trennung ist für Jungen und Mädchen eine schwierige und oft schmerzhafte Erfahrung. Viele Jungen kämpfen dann wieder mit den alten Vorstellungen vom harten Kerl, der sich seine Traurigkeit nicht anmerken lassen darf. Mädchen fällt es meist leichter, zur besten Freundin oder auch zu den Eltern zu gehen und sich auszuheulen. So läßt sich das Ende einer Beziehung besser verdauen.

Davon können Jungen sich was abgucken. Wenn gerade alles aus ist, und du hast das Gefühl, die Welt geht unter, solltest du dir vertraute Freunde zum Reden suchen. Vielleicht gibt es auch jemanden in der Familie, zu dem du gehen kannst. Das können zum Beispiel auch ältere Geschwister sein.

Aber wenn du niemanden hast, zu dem du dich traust, oder wenn du dich nicht ernst genommen fühlst, weil deine Eltern sagen: «So schlimm wird's schon nicht sein», dann gibt es auf jeden Fall noch das Sorgentelefon des Kinderschutzbundes oder die Jugendsprechstunden in den PRO FAMILIA Beratungsstellen. Da kennt man sich mit Liebeskummer und Trennungsproblemen aus, und du kannst dir den ganzen Frust von der Seele reden.

Liebeskummer

Grundsätzlich ist es so, daß uns nichts vor Liebeskummer schützen kann. Wenn wir uns auf einen anderen Menschen einlassen, dann kann uns eine Trennung blühen – und Liebeskummer. Es gibt Menschen, die werden im wahrsten Sinne des Wortes über Nacht zum Single: wenn die Partnerin oder der Partner, ohne das vorher anzukündigen, plötzlich seine Koffer packt und für immer verschwunden ist. Natürlich kann man auch Liebeskummer haben, ohne eine Freundin zu haben. Wenn man in ein Mädchen verliebt ist, das einen nicht will. Oder wenn man heimlich schwärmt und sich nicht traut, die andere anzusprechen.

Wut, Trauer, Verzweiflung: Liebeskummer ist ein Mix aus allem

Liebeskummer muß nicht immer zwangsläufig eine Katastrophe sein. Es gibt verschiedene Formen von Liebeskummer, und die wollen wir uns jetzt mal vorknöpfen:

Im Liebeskummer vermischen sich mehrere Gefühle: Wut, Trauer, Enttäuschung und verletzte Eitelkeit. Das ist nicht leicht auszuhalten, aber es ist normal, und es geht vielen so. Jeder Mensch hat andere Gefühle bei Liebeskummer: Der eine ist trauriger, der andere eher wütend, der dritte mehr in seiner Eitelkeit verletzt. Hinzu kommt, daß die ehemalige Freundin sich zurückgezogen hat oder nicht mehr da ist. Man kann ihr

die Gefühle dann nicht mehr um die Ohren hauen und muß selbst sehen, wie man damit klarkommt. Es gibt kein Gegenmittel, da muß man durch. Gut ist, wenn du Freunde hast, mit denen du reden kannst. Die Zeit heilt auch so einiges. In manchen Fällen muß man allerdings sehr geduldig sein, bis es endlich vorbei ist.

Selbstzweifel sind Gift

Bei einigen Menschen gesellen sich Gefühle und Gedanken zum Liebeskummer, die alles nur noch schlimmer machen: Selbstzweifel. Sie fragen sich ständig, was sie falsch gemacht haben, und halten sich vor, daß Felix, Marco und Robert das alles besser hingekriegt hätten. Am Ende fühlen sie sich ungeliebt und wollen kein Mädchen mehr von hinten ansehen. Solche Gedanken sind Gift – und sie sind nicht wahr. Denn sie würden bedeuten, daß wir es in der Hand haben, ob uns jemand liebt oder nicht.

Das haben wir aber nicht. Wer sich vorwirft, etwas falsch gemacht zu haben, vermutet gleichzeitig, es auch richtig hätte machen können. Weder das eine noch das andere geht. Wenn wir ein Mädchen, das wir begehren, nicht bekommen, dann können wir es nicht erzwingen. Denn was letztendlich Liebesgefühle auslöst, liegt nicht in unserer Macht. Wer sich also beim Liebeskummer mit Selbstzweifeln quält, macht sich die Sache unnötig schwer. Andererseits ist es auch verständlich, daß wir uns mit dem anderen vergleichen, falls sie uns wegen eines anderen verlassen hat. Was hat er, das ich nicht habe? Wir sollten uns nur nicht zu lange mit solchen Gedanken beschäftigen.

Wer nicht mehr hofft, ist frei

Was uns am Liebeskummer festhält, ist die Hoffnung. Wer hofft, daß es wieder was wird oder daß es klappt, bleibt innerlich gebunden. Das ist eine Zeitlang sicher nicht zu ändern, aber irgendwann sollten wir gegen die Hoffnung ankämpfen. Denn nur so werden wir frei. Dazu kann es ganz hilfreich sein, wenn uns

Freunde oder Bekannte den Kopf waschen. Sie sehen oft die Dinge so, wie sie wirklich sind, während wir noch vor Liebe, Kummer und Hoffnung blind sind.

Freunde

«Ein Freund, ein guter Freund, das ist das Schönste, was es gibt auf der Welt.» Kennst du? Uralte Kamellen? Hat dein Opa immer geträllert, das Lied?

Kann gut sein, die Aussage stimmt jedenfalls heute noch genauso wie damals. Kein Mensch ist gerne alleine, deshalb tun wir uns mit anderen zusammen. Schon im Kindergarten finden sich Sandkastenfreunde, die alles miteinander teilen und gemeinsam ihre Förmchen verteidigen. Manchmal hält das fürs ganze Leben.

Dafür sind Freunde da

Freunde sind wichtig beim Erwachsenwerden: man lernt von- und miteinander, wie menschliche Beziehungen funktionieren, unterstützt sich bei der Loslösung von den Eltern, macht sich gegenseitig Mut für einen Flirt, ist füreinander da, wenn mal wieder alles ätzend ist und man die Welt zum Kotzen findet. Wenn dich der Frust über Schule, Eltern oder Freundin gerade mal voll gepackt hat, tut es einfach gut, jemanden zu haben, bei dem man alles abladen kann, und manchmal tröstet es dann schon zu hören: «Ja, kenne ich, geht mir echt genauso.»

Der Freund, den du nachts um zwei aus dem Bett klingeln kannst, weil deine Freundin soeben Schluß gemacht hat, kann zum Lebensretter werden, weil du in deiner Verzweiflung sonst vielleicht eine Dummheit gemacht hättest.

Wahre Freunde sind sehr wertvoll und gar nicht so leicht zu finden – dafür mußt du schon was tun. Viele brauchen Jahre, bis sie befreundet sind. Die Kumpels, mit denen du flipperst und Basketball spielst, sind nicht unbedingt die Leute, denen du intime Sachen anvertrauen würdest – oder vielleicht doch?

Männer tun sich oft schwer damit, überhaupt einen besten Freund zu haben.

Der Freund kann auch ruhig eine Freundin sein. Viele Männer fassen schneller zu Frauen als zu Männern Vertrauen.

Für manche Freundschaften muß man ackern

Aber wir müssen auch etwas dafür tun, wenn wir jemanden als besten Freund haben wollen. Wir sollten bereit sein, etwas von uns, von unseren Gefühlen zu zeigen, damit der andere weiß, daß wir ihn mögen und daß er uns etwas bedeutet. Wir sollten aber auch bereit sein, seine Gefühle ernst zu nehmen und uns mit ihm auseinanderzusetzen – vielleicht kommt ja was zurück.

Viele Jungen haben Angst, nicht genügend über Sex zu wissen. Sie fürchten, zu wenig Erfahrung zu haben oder ganz einfach irgend etwas falsch zu machen beim Sex. Eine Ursache für diese Angst ist, daß wir als Männer ohnehin glauben, wir müßten alles wissen, vor allem beim Sex. Das kann ganz schön unter Druck setzen.

Eine andere Ursache ist möglicherweise, daß heutzutage überall über Sex geredet wird, in irgendwelchen Magazinen, in Talk-Shows, in Filmen. Wir werden förmlich überschüttet mit dem Thema. Wenn man also nicht zweihundertprozentig Bescheid weiß, kann man schnell in den Verdacht kommen, vom Jupiter zu sein. Auch das setzt unter Druck.

Dennoch: Über Sex etwas zu wissen gibt uns Sicherheit. Und genau deshalb haben wir *Sex* aufgegriffen, und zwar sehr ausführlich.

[Sex]

Über Sex reden

«Let's talk about Sex» war vor einigen Jahren ein großer Hit, den viele mitgesungen haben. Leichter gesungen als getan, muß man wohl sagen. Bei keinem anderen Thema ist es so schwierig, die richtigen Worte zu finden. Deshalb mißlingt es oft in einer Beziehung, über Unsicherheiten, Ängste und Probleme bei der Sexualität zu reden. Wir wollen uns selbst nicht blamieren oder als Ferkel dastehen, und wir möchten den anderen nicht schockieren oder verletzen.

Beim Schreiben dieses Kapitels haben wir auch wieder gemerkt, wie schwer es uns fällt, das Sprachproblem zu lösen.

Zum Beispiel: *Geschlechtsverkehr* – bei dem Wort vergeht einem schon fast die Lust, aber was soll man sagen? Das bekannteste deutsche Wort dafür darf man ja nicht laut aussprechen, sonst kriegen gleich zwanzig Leute rote Ohren, fünfzehn gucken böse, und mindestens drei fangen an zu schimpfen – schriftlich kann man nicht flüstern. Wir trauen uns also trotzdem mal ganz deutlich zu sagen, es geht um's *Ficken*. Huch! – Ja, *bumsen, vögeln, pimpern, poppen*, unseretwegen auch miteinander schlafen, obwohl dabei kein Mensch schläft. Der Duden kennt alle diese Worte, findet sie aber derb und schlägt als Erklärung die lateinischen Begriffe *Koitus* oder *kopulieren* vor. Für sie kennt er dann gleich verschiedene Stellungen und Körperöffnungen, in die – ja wie sagt man? – *koitiert* wird. Und soll man dann zu seiner Freundin sagen: «Ich habe Lust, mit dir zu *kopulieren*?»

Lateinisches Bettgeflüster?

Für den Biologieunterricht oder einen Besuch beim Arzt mögen Worte wie *Koitus, Cunnilingus, Vagina* und *Skrotum* ja genau richtig sein. Wenn Menschen über ihre intimen Gefühle und Wünsche reden wollen, passen sie allerdings nicht. Eine gemeinsame Sprache mit freundlichen Worten für sexuelle Dinge fehlt uns, deshalb müssen wir immer wieder miteinander klären, wie

wir reden wollen. Es gehört Mut dazu, zu sagen, was man möchte und was einem nicht gefällt. Und wir müssen aufmerksam sein für die Gefühle anderer, damit wir ihre Schamgrenzen nicht verletzen.

In einem Gespräch kann man sich entschuldigen, wenn man jemandem mit einem Wort zu nahe getreten ist. Bei Texten ist das schwieriger. Wir haben versucht, eine lust- und gefühlvolle Sprache zu finden, mit der wir uns wohl fühlen, und wissen, daß sie einigen zu derb und anderen zu zimperlich sein wird. Auch wir Experten haben eben unsere Sprachprobleme beim Sex.

Phantasien

Zum Kinoprogramm im Kopf gehören natürlich auch Sexfilme. Alle Menschen haben sexuelle Phantasien und Träume. Was für Geschichten sich in unserem Kopf abspielen, das erzählen wir allerdings nur sehr vertrauten Menschen.

In der Phantasie ist alles erlaubt, denn was wir uns ausdenken, beleidigt niemanden und tut keinem weh. Wir können dabei

Dinge ausleben, die sonst nicht möglich sind. In unserer Vorstellung können wir zum Beispiel Sex haben mit jedem Menschen, den wir wollen – egal wie unerreichbar er oder sie in Wirklichkeit ist. Wir werden wahrscheinlich nie die Chance haben, mit unserem Lieblings-Fernseh- oder -Popstar ins Bett zu gehen. Aber niemand kann uns daran hindern, uns abends im Bett eine geile Nummer mit Pamela Anderson oder Brad Pitt auszudenken und dabei viel Spaß zu haben.

In der Phantasie ist alles, aber wirklich alles erlaubt

Vielleicht müssen wir aber auch gar nicht so weit in die Ferne schweifen: wenn wir gerade verliebt sind – egal ob offen oder heimlich, ob glücklich oder unglücklich –, ist meistens klar, wer zur Zeit automatisch die Hauptrolle in unseren Gedankenfilmen hat. Bei der Gelegenheit werden wir wahrscheinlich auch merken, daß wir uns einerseits bewußt Phantasien machen, daß sie sich aber andererseits auch unbewußt entwickeln, ohne daß wir das beeinflußt haben.

Die Phantasie ist ein Spielplatz für Wünsche und Gefühle – sie gibt uns eine Chance, uns unserer Wünsche bewußt zu werden und erst mal ganz alleine und geschützt verschiedene Möglichkeiten durchzuspielen. Bevor man zum Beispiel das erste Mal wirklich mit einem Mädchen schläft, kann man es in Gedanken ausprobieren und erspüren, was einen am meisten anmacht und wovor man vielleicht die größte Angst hat. Manchmal kann es helfen, die geilsten und die mißratensten Möglichkeiten zu phantasieren und dabei zu überlegen, was man tun kann, damit die Wünsche sich erfüllen und die Befürchtungen nicht eintreffen.

Das kann man übrigens auch gemeinsam machen: Sich gegenseitig seine sexuellen Phantasien zu erzählen oder sich gemeinsam scharfe Geschichten auszudenken kann fast genauso erregend und anmachend sein, als wenn man die Dinge wirklich erlebt. Man erfährt dabei auf eine lustvolle Art viel übereinander und kann eine gemeinsame Wellenlänge für echten Sex finden.

Die dunkle Seite der Phantasien

Sexuelle Phantasien können allerdings auch zu einem Problem werden. Manchmal haben Jungen Angst, sie seien krank oder pervers, weil sie so viele Phantasien haben oder weil sich in ihrem Kopf Dinge abspielen, die sie nicht in Ordnung finden.

Wir haben ja schon geschrieben, daß Phantasien und Träume Grenzen überschreiten dürfen, die man im wirklichen Leben beachten muß. Den meisten Leuten ist das auch eigentlich klar. Trotzdem können das natürlich ganz schön verwirrende Erlebnisse sein. Von Sex mit seiner Schwester oder seiner Lehrerin zu träumen; sich bei der Selbstbefriedigung vorzustellen, daß man einen anderen Jungen anfaßt; sexuell erregt zu werden bei dem Gedanken, gefesselt oder gequält zu werden; sich womöglich vorzustellen, man würde seine Freundin mit Gewalt nehmen.

Wenn so etwas in unserer Phantasie vorkommt, muß das nicht bedeuten, daß wir es auch wirklich tun wollen. Aber es ist ein Hinweis – vielleicht auf geheime Wünsche, vielleicht auf ein Problem, mit dem wir nicht fertig werden.

Weil es in unserer Gesellschaft verschiedene sexuelle Tabus gibt, werden die entsprechenden Sehnsüchte verdrängt und kommen dann in Phantasien wieder zum Vorschein. Zum Beispiel:

→ Es wird uns nicht beigebracht, daß es normal sein kann, Menschen des eigenen Geschlechts sexuell anziehend zu finden. Unsere Vorstellungen können uns darauf aufmerksam machen, daß es diese Gefühle trotzdem gibt.

→ Sex mit nahen Verwandten ist verboten. Trotzdem können wir uns ausmalen, wie es wäre – nur machen dürfen wir es eben nicht.

→ Manche Männer haben die Phantasie, eine Frau oder einen Mann zu vergewaltigen. Die Phantasie ist in Ordnung. Aber natürlich geht es nicht, daß wir sie ausleben. Was wir aber tun können: eine Partnerin oder einen Partner suchen, mit der oder dem wir uns freiwillig und im Spiel austoben können.

→ Manchmal kommt es auch vor, daß wir von Tieren träumen und sexuell erregt werden. So was ist normal. Wenn dir das passiert, dann überlege, was dieses Tier in deinem Traum und in deinem Leben für eine Bedeutung haben könnte.

→ Sex mit Kindern ist verboten. Und das ist auch richtig so. Und dennoch kann es vorkommen, daß wir davon träumen, mit einem Kind zu schlafen. Auch hier gilt: der Traum ist zugelassen – ausleben dürfen wir es nicht.

Wir könnten die Liste der Beispiele noch lange fortsetzen. Denn in der Phantasie bewältigen wir auch schwierige Erlebnisse. Gerade die Mischung von Sexualität und Gewalt kommt dabei häufiger vor. Wer als Kind selber Gewalt erlitten hat, kann den Schmerz und die Wut manchmal nur aushalten, indem er sich vorstellt, sie an andere weiterzugeben. Das entlastet zwar einerseits, macht aber gleichzeitig ein schlechtes Gewissen und damit neue Probleme. Oft ist es so, daß wir gar nicht wissen, daß und wann uns Gewalt angetan wurde. Besonders an seelische Gewalt – falls wir gedemütigt, erniedrigt, ausgeschlossen wurden – können wir uns nur schwer oder gar nicht bewußt erinnern.

Wenn du dir zuviel den Kopf zerbrichst . . .

Bleib mit deinen Phantasien nicht allein, wenn sie dich quälen! Wenn du in deiner Familie oder deinem Freundeskreis niemanden hast, dem du vertraust, um darüber zu reden, rufe ein Beratungstelefon an oder gehe zu einer Beratungsstelle. Du mußt deinen Namen nicht nennen und kannst sicher sein, daß niemand von dem Gespräch erfährt. Die Berater stehen unter Schweige-

pflicht. Du bist ganz bestimmt nicht der einzige, der sich Sorgen wegen seiner sexuellen Gedanken macht. Was da in den Köpfen drunter- und drübergeht, ist oft gar nicht so schlimm, wie die meisten Jungs befürchten. Das merkt man aber erst, wenn man mal mit jemandem darüber redet, der sich auskennt, Verständnis hat und nicht gleich verurteilt. Die Dinge, die in uns vorgehen, haben immer eine Ursache – manchmal braucht man Hilfe, um dahinterzukommen und etwas zu verändern.

Orgasmus

Der Orgasmus ist der Höhepunkt und zugleich das Ende der sexuellen Erregung. Während der Erregungsphase steigt die Spannung im Körper. Die Muskeln ziehen sich vor allem im Bereich der Geschlechtsorgane und des Gesäßes zusammen. Kurz vor dem Orgasmus sammelt sich die Samenflüssigkeit, und die Muskelspannung im Schwanz steigt sehr schnell so weit an, daß du den Erguß nicht mehr zurückhalten kannst. Beim Orgasmus ziehen sich die Muskeln im Schwanz dann zuckend zusammen, und der

Samen wird in kleinen Spritzern ausgestoßen. Gleichzeitig entspannen sich auch alle anderen Muskeln in deinem Körper. Wir fühlen, wie eine Welle von sehr angenehmen, rhythmischen Muskelbewegungen durch unseren Körper geht.

Orgasmus und Samenerguß – ein und dasselbe?

Orgasmus und Samenerguß sind zwei verschiedene Vorgänge in deinem Körper. Sie passieren aber fast immer gleichzeitig. Es ist aber möglich, daß du bei einem Erguß nur einen sehr flachen oder gar keinen Orgasmus erlebst. Oder du hast zwar einen Orgasmus, aber es kommt kein Samen, weil du kurz vorher schon zwei oder dreimal gekommen bist und dein Körper nicht so schnell Nachschub produzieren kann. Die Menge des ausgestoßenen Samens hat deshalb nichts damit zu tun, wie gut der Orgasmus war.

Die Zigarette danach . . .

Deine körperlichen Reaktionen beim Höhepunkt können sehr unterschiedlich und von Mal zu Mal verschieden sein. Manchmal ist das Gefühl so heftig, daß dein ganzer Körper zuckt und du vor Lust stöhnst. Oft ist es aber auch einfach ein wohliger Schauer, der durch den ganzen Körper läuft.

Nach dem Orgasmus entspannen sich die Muskeln in den Geschlechtsorganen und im übrigen Körper relativ schnell. Das Blut fließt aus den Schwellkörpern, und der Schwanz wird schlaff. Diesen Vorgang nennt man Rückbildungsphase. Sie kann unterschiedlich lange dauern – je nachdem, wie lange du vorher sexuell erregt warst. In dieser Zeit kannst du keine neue Erektion und keinen weiteren Orgasmus bekommen. Die Phase kann wenige Minuten, aber auch bis zu einer Stunde dauern. Die meisten Jungen probieren irgendwann aus, wie oft sie hintereinander einen Orgasmus bekommen können. In der Pubertät kannst du vielleicht drei- oder viermal kurz hintereinander kommen. Wenn man älter wird, dauert es länger, bis es wieder geht. Aber es geht wieder.

Sollten wir gleichzeitig kommen?

Ein Orgasmus dauert immer nur wenige Sekunden. In diesem Moment ist jeder Mensch völlig weg und nur bei sich und seiner Lust. Deshalb kann es auch so etwas wie einen gemeinsamen Orgasmus nicht geben. Es kann ganz toll sein, beim Sex miteinander gleichzeitig zum Höhepunkt zu kommen. Das muß aber überhaupt nicht so sein, und es ist auch kein Zeichen für schlechten Sex, wenn es nicht passiert.

Oft ist es viel schöner, nacheinander zu kommen. Jemandem einen Orgasmus zu machen ist ein sehr intensives Erlebnis. Du kannst beobachten, wie ihre oder seine Lust immer größer wird und schließlich herausplatzt. Seinen Orgasmus zu zeigen und einen anderen daran teilhaben zu lassen ist etwas sehr Intimes und ein großer Vertrauensbeweis.

Jungen und Mädchen haben dazu allerdings ein unterschiedliches Verhältnis. Weil Jungen mehr und früher Selbstbefriedigung machen, kennen sie ihren Orgasmus meist besser und haben mehr Übung. Viele Jungen verstehen deshalb aber auch nicht, daß Mädchen oft nicht so schnell und leicht zum Höhepunkt kommen. Sie fühlen sich als Versager, wenn sie immer viel früher kommen als ihre Freundin oder es nicht schaffen, ihr einen Orgasmus zu machen.

Wie man den Orgasmus hinauszögern kann . . .

Im Kapitel *Frauen* haben wir ein paar Dinge über die weibliche Sexualität geschrieben, die dir helfen sollen, besser zu verstehen, wie Mädchen mit dem Orgasmus umgehen.

Du kannst außerdem aber auch etwas für dich und deinen Umgang mit dem Orgasmus tun. Sehr viele Jungen kommen innerhalb von wenigen Minuten zum Höhepunkt. Bei einem Wichswettbewerb mit Freunden kann das ja ein Vorteil sein. Ansonsten ist es aber doch sehr schade, wenn die ganze Freude immer schon nach fünf Minuten vorbei ist. Du kannst lernen, deinen Orgasmus hinauszuzögern, und dir so das geile Gefühl kurz davor verlängern. Achte bei der Selbstbefriedigung darauf, wann der Moment kommt, wo du es nicht mehr aufhalten kannst. Wenn du jetzt langsamer machst oder kurz aufhörst, wirst du mit der Zeit ein Gefühl dafür entwickeln, wie du deine Erregung länger halten kannst. Je länger die Erregungsphase dauert, desto intensiver ist meist auch der Orgasmus.

Der Orgasmus ist für die meisten Menschen das Ziel beim Sex. Der Weg dahin ist aber mindestens genauso wichtig. Wenn du dir mit raffinierten Umwegen die Geilheit vergrößerst, verdient der Höhepunkt erst richtig seinen Namen.

Selbstbefriedigung

Es ist noch gar nicht so lange her, da waren die Menschen davon überzeugt, daß Selbstbefriedigung schädlich sei und krank mache. Das alles hat eine lange Geschichte. Grundsätzlich war

es so, daß man früher glaubte, der Samen bestünde aus kleinen Menschlein, von denen sich ein Menschlein im Ei einnistet und dort zu einem richtigen Baby heranwächst. Heute weiß man, daß das nicht so ist: Samen bestehen aus winzigen Samenzellen (Spermien), von denen sich eine mit dem Ei verbindet und erst dann zum späteren Menschen heranwächst. Spermien leben also nicht – jedenfalls nicht im menschlichen Sinne.

Früher war Selbstbefriedigung Sünde

Als man glaubte, Samen wären Menschen, da war Selbstbefriedigung natürlich Mord. Und deshalb redete man vor allem Jugendlichen ein, sie dürften sich nicht selbst befriedigen. Man drohte ihnen, sie könnten davon alle möglichen Krankheiten kriegen: Rückenmarkschwund, Blindheit, abfallende Hände, Wahnsinn und so weiter. Es gab aber noch einen anderen Glauben: Früher dachte man auch, wenn Männer es sich immer wieder selbst machen, dann können sie irgendwann nicht mehr. Ihnen fehle dann der Samen zum Kinder zeugen. Die Nazis zum Beispiel nannten das «Keimstoffvergeudung». Und da man immer schon Angst vor zu wenig Geburten hatte – schon lange vor den Nazis –, verdammte man die Selbstbefriedigung. Heute wissen wir aber, daß ein Mann bis ins hohe Alter Kinder zeugen kann. Der Schauspieler Anthony Quinn war achtzig Jahre alt, als er seine Tochter zeugte.

Neben diesen Irrlehren haben auch die Kirchen einen großen Einfluß darauf, daß die Menschen bei der Selbstbefriedigung ein schlechtes Gewissen bekamen: Sie predigten, und teilweise noch heute, daß der Sex nur zum Kinderzeugen da war. Alles andere war Sünde.

Es ist wichtig, sich immer wieder klarzumachen, daß Selbstbefriedigung völlig in Ordnung ist. Denn bei vielen Menschen spuken heute noch Ängste im Kopf herum, was alles passieren kann, wenn man es macht und wenn man es zu oft macht.

Selbstbefriedigung ist ungefährlich. Du kannst es so oft machen, wie du willst. Hundertmal am Tag und noch mehr. Und wer es immer noch nicht glaubt: Selbstbefriedigung ist nicht nur ungefährlich, sie ist sogar erwünscht. Doch dazu später.

Es gibt viele Begriffe für Selbstbefriedigung: Onanie, Masturbation, wichsen, kurbeln, rubbeln, sich einen runterholen. Türken sagen 31 dazu.

Morgens, mittags, abends, nachts

Männer haben unterschiedlich oft Lust dazu. Die einen könnten dauernd, die anderen machen es einmal die Woche oder so gut wie gar nicht. Wie oft wir es wollen, das hängt von vielen Dingen ab. Wenn wir zum Beispiel regelmäßig Sex mit einem anderen Menschen haben, kann es sein, daß wir keinen Bock auf Selbstbefriedigung haben. Es kann aber auch sein, daß uns gerade das antörnt – wir sind dann so erregt, daß wir dauernd wollen, auch allein. Manche Jungs und Männer onanieren, weil sie gerade keine Freundin haben und geil sind. Manche Männer haben keine Lust, weil sie gerade mit einer Arbeit beschäftigt sind, die sie sehr beansprucht. Wenn wir uns körperlich mies fühlen, haben wir wenig Bock – oder gerade dann. Viele onanieren, weil sie einfach nur Lust dazu haben, ohne weil und wieso.

Nicht immer macht es Spaß

Mal ist die Selbstbefriedigung toll, mal ist sie lahm: an manchen Tagen macht es sehr viel Spaß – wir sind erregt und voll dabei. Wir lieben unseren steifen Schwanz und haben ganz tolle Phantasien. Oder wir genießen es, einfach nur unseren Körper zu berühren, ohne daß wir Phantasien hinzuziehen. An anderen Tagen ist es eher ein Wichs aus Langeweile. Dann wird der Penis nicht richtig steif, und alles macht keinen richtigen Spaß. Schaden kann es aber auch dann nicht, außer, daß man danach unbefriedigt ist.

Wer wichst, ist frei

Aber – wie schon gesagt – Selbstbefriedigung ist nicht nur ungefährlich, sie ist auch erwünscht. Und das aus folgenden Gründen:

➔ Wer onaniert, lernt seinen Körper besser kennen. Vielleicht entdeckt er, daß er außer dem Penis noch andere erogene Zonen hat. Das muß nicht so sein – es kann aber sein.

➔ Wer onaniert, lernt seine Phantasien kennen. Vielleicht sind es Phantasien, die du ausleben kannst. Vielleicht sind es auch welche, die nur für dich bestimmt sind. Auf jeden Fall kann es ganz spannend sein, zu merken, auf was du alles abfährst und auf was nicht.

➔ Wer onaniert macht sich unabhängig. Wenn ihm die Selbstbefriedigung Spaß macht und er voll dahintersteht, dann weiß er, daß er sich zur Not auch alleine zu helfen weiß. Das ist ein wichtiges Gefühl, das über die Onanie hinausgeht: Wir spüren dann, daß wir selbständig sind. Und das wiederum macht uns in einer Beziehung unabhängig – und liebenswert.

143

→ Wer onaniert, kann sich ausprobieren. Zum Beispiel kann man erforschen, wie es ist, ein Kondom überzuziehen. Man kann es regelrecht üben dabei. Niemand schaut zu, niemand lacht einen aus. Und wer es noch nie mit der linken Hand gemacht hat ... viel Spaß!

So dusselig war man noch in den fünfziger Jahren: «**Der erwachsene Onanist ist im allgemeinen als ein auf halber Entwicklungsstufe Stehengebliebener zu betrachten ... und weiter unten: Gesunde Lebensumstände, vernünftiges Schlafen und Essen, ausreichende Bewegung in freier Luft, Erfüllung mit höheren Idealen u.s.w., machen den jungen Menschen fähig, den Verlockungen der Selbstbefriedigung leichter zu widerstehen.**» So jedenfalls stand es in einem **Wörterbuch des Sexuallebens** von 1951.

Petting

Das englische Wort «to pet» bedeutet *hätscheln* oder *liebkosen*. Ganz so brav, wie das klingt, bleibt man beim Petting nicht. Da wird gestreichelt und umarmt, geküßt und am Ohrläppchen geknabbert, Hände krabbeln unter T-Shirts und in Hosen, Reißverschlüsse und Knöpfe werden geöffnet, ein Kleidungsstück nach dem anderen fällt zu Boden; Körper werden gegenseitig angeschaut und angefaßt; Haut berührt Haut; Hände, Lippen, Zungen wandern über Hals, Brust, Bauch, Po, Oberschenkel und entdecken Schwanz oder Scheide; es wird geredet, gekichert, gelacht, gestöhnt; ... zwei Menschen baden in Zärtlichkeit und Erregung. Wenn Schwanz und Kitzler dabei genug Küsse und Streicheleinheiten abbekommen, kann auch der eine oder andere Orgasmus dabei herauskommen.

Das wird als heavy Petting bezeichnet, und wo wir schon bei den Fachausdrücken sind: wenn die Unterhosen an und die Geschlechtsorgane unberührt bleiben, nennt man es Necking. Wenn du bisher nicht wußtest, wie man was nennt, hat das dei-

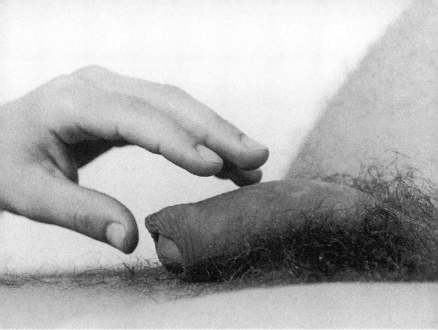

nem Spaß wahrscheinlich auch nicht geschadet. Ab jetzt kannst du nicht nur mitmachen, sondern auch mitreden.

Petting ist kein Ersatz für richtigen Sex, so wie Malzkaffee statt Bohnenkaffee, Petting ist Sex. Der Versuch, Sexualität in Schubladen zu sortieren, führt manchmal zu ziemlichem Blödsinn. Wenn ihr erst all das macht, was oben beschrieben wird, und dann miteinander vögelt, wird aus dem Petting dann plötzlich ein Vorspiel? Vergiß den ganzen Quatsch am besten einfach. Folge deinen Gefühlen und Wünschen, und achte darauf, was deine Freundin oder dein Freund will. Beim Sex sind Übergänge und Grenzen fließend und veränderbar. Was nicht bedeutet, daß man sie nicht beachten muß. Wenn deine Freundin sagt, sie will nur Petting machen, weißt du, wie weit sie im Moment gehen will, und solltest diese Grenze beachten. Im Kapitel *Frauen* haben wir etwas darüber geschrieben, was es für Mädchen bedeutet, einen Jungen in ihre Scheide eindringen zu lassen, und warum sie damit oft warten wollen.

145

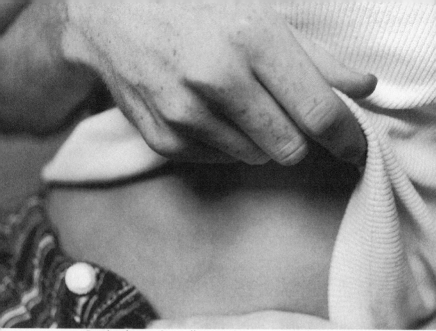

Petting kann eine tolle gemeinsame Entdeckungsreise sein. Du lernst deinen und den anderen Körper und die verschiedenen sexuellen Reaktionen besser kennen. Du kannst feststellen, was dir gefällt und dich anmacht, und ausprobieren, ob es umgekehrt auch gut ankommt. Am Anfang wirst du wahrscheinlich vorsichtig sein und kleine Zärtlichkeiten versuchen. An den Reaktionen kannst du dann ablesen, ob du mutiger werden und weiter gehen darfst.

Jugendliche fragen uns immer wieder, ob ein Mädchen beim Petting schwanger werden kann, obwohl man doch gar nicht miteinander schläft. Wenn Samenflüssigkeit über die Finger in die Scheide gelangen kann, besteht ein kleines Schwangerschaftsrisiko. Aber, keine Panik! Spermien überleben an der Luft nicht lange. Wenn du darauf achtest, nicht direkt auf die Scheide zu spritzen, passiert auch nichts. Vom Bauch oder Bettlaken schaffen die Samen es nicht bis zu ihrem Ziel. Die klebrigen Finger an der Bettwäsche oder mit einem Papiertaschentuch abzuwischen reicht völlig. Du mußt nicht unromantisch werden und ins Bad rennen zum Händewaschen. Eigentlich ist Petting eine prima Verhütungsmethode ohne Nebenwirkungen – aber mit viel Spaß.

Das erste Mal

In einer wissenschaftlichen Untersuchung von 1990 wurden Jugendliche in ganz Deutschland gefragt:

«War der erste Geschlechtsverkehr für dich ein Erlebnis, das dich beeindruckt hat?»

Es sagten	Jungen	Mädchen
Es war eher angenehm	84%	52%
Es war eher unangenehm	3%	23%
Es war eigentlich nichts Besonderes	13%	25%

Erste Male gibt es viele im Leben. Weißt du noch? Das erste Mal Fahrrad fahren ohne Stützräder, das erste Mal alleine mit dem Bus in die Stadt, das erste Mal auf eine Party gehen, das erste Mal ein Mädchen oder einen Jungen küssen. Oh, Mann, war das aufregend.

Aber wenn es heißt DAS erste Mal, dann ist für alle klar, es geht um den ersten «richtigen» Geschlechtsverkehr. Und beim Gedanken daran hat jeder auch flaue Gefühle. Der eine schiebt es deshalb lieber noch ein bißchen auf und wartet auf die richtige Partnerin beziehungsweise den richtigen Partner und den richtigen Moment. Der andere will es möglichst schnell hinter sich bringen, um den Druck endlich loszuwerden und mitreden zu können.

Egal, wie wir es handhaben, Unsicherheit, Nervosität und ein bißchen Angst gehören einfach dazu. Wir wissen nicht so richtig, wo wir anfassen dürfen, überlegen, ob sie den Schwanz zu klein findet, und machen uns Sorgen, daß er nicht steif werden könnte. Wir fragen uns, was die richtige Stellung für das erste Mal ist? Ob es ihr weh tut und wir was machen können, damit es nicht so ist? Findet man automatisch die richtige Stelle in der Scheide? Ach ja, und dann war da noch die Sache mit der Verhütung: Nimmt sie wohl die Pille? Soll ich sie fragen? Und AIDS? Wann und wie zieh ich mir den Gummi drüber, ohne mich zu blamieren? Oje, und wenn er dann schlapp macht? Und außerdem: Muß man gleichzeitig einen Orgasmus haben? Woran merkt man, wann sie einen Orgasmus hat? ...

Sie hat schon mal – du aber noch nicht ...

Das klingt alles so, als hätte das erste Mal nicht viel mit Lust zu tun. Die meisten Menschen stellen sich vor, daß der erste Geschlechtsverkehr etwas ganz Besonderes ist, und machen sich deshalb viele Sorgen, es könnte etwas schiefgehen. Irgendwo in ihrem Hinterkopf quält sehr viele Männer der Satz: «Ich bin bestimmt nicht gut genug.» Ganz schlimm wird es bei manchen Jungs, wenn das Mädchen schon einmal oder öfter mit anderen Jungs geschlafen hat. Dann meinen sie, sie müßten es erst recht bringen. Ein bißchen müssen wir wohl lernen, damit zu leben, daß wir uns als Männer dauernd solche Sorgen machen. Wenn wir aber immer ganz alleine bleiben mit diesem Druck, bringen wir uns in einen Teufelskreis: Wer ständig erwartet, daß etwas nicht gut läuft, achtet nicht mehr auf die tollen, sondern nur noch auf die mißlungenen Momente. Dann fühlt er sich in seiner Angst bestätigt.

Oft denken Jungen, daß sie beim ersten Mal versagt haben, weil sie gekommen sind, bevor das Mädchen einen Orgasmus hatte. Oder sie haben erst beim dritten Versuch das Kondom drauf bekommen. Statt aber darüber zu reden und herauszufinden, wie es für das Mädchen war, verkriechen sie sich und melden sich nicht mehr, weil sie denken, das Mädchen will sowieso nichts mehr von ihnen wissen. Die schlechte Erinnerung sitzt ihnen dann beim nächsten Mal im Nacken und führt dazu, daß sie sich wieder nicht richtig entspannen können. Unter diesen Umständen kann man sich bei den Zahlen im Kasten (Seite 147) eigentlich nur wundern, daß trotzdem noch so viel Jungen ihr erstes Mal in guter Erinnerung haben. Aber mit Statistiken ist das ja immer so eine Sache, weil nicht drin steht, wie die Leute ihre Antwort gemeint haben. Manche kreuzen an, daß sie das erste Mal sehr angenehm empfanden – in Wirklichkeit trauen sie sich nur nicht vor sich selber zuzugeben, daß es eigentlich ganz schön daneben war.

Und warum finden soviel mehr Jungen als Mädchen das erste Mal angenehmer? Auch das kann Gründe haben, die in einer Statistik nicht auftauchen. Zum Beispiel haben Jungen und Mädchen vom ersten Mal etwas unterschiedliche Vorstellungen: viele Mädchen erwarten vor allem, daß sie dabei ein besonders intensives und nahes Gefühl zu dem Jungen bekommen. Viele Jungs aber versprechen sich in erster Linie eine neue geile Erfahrung davon. Oder es ist so, daß manche Jungs – denkt man an den Erfolgsdruck – einfach froh sind, wenn es ohne eine der befürchteten Katastrophen geklappt hat. Andererseits sind Mädchen häufig etwas enttäuscht, wenn der Sex nicht gleichzeitig der erwartete supertolle Liebesrausch war.

Viele erste Male?

Nun kann es aber passieren, daß der Erfolgsdruck von Jungs und die unterschiedlichen Erwartungen von Jungs und Mädchen zu Frust in der Beziehung führen. Da hilft nur eins: miteinander reden. Wir wissen, daß das oft nicht so einfach ist, und auch wenn wir schlaue Bücher darüber schreiben, haben wir manchmal selber unsere Schwierigkeiten damit. Denn auch Menschen, die keine Jugendlichen mehr sind, erleben immer wieder ein erstes Mal – mit jedem neuen Menschen, den sie sexuell kennenlernen. Das ist auch mit dreißig, vierzig oder fünfzig noch aufregend, läßt uns nervös und unsicher werden und macht uns ein bißchen

149

angst. Genau das ist allerdings ein wichtiger Teil des sexuellen Reizes; ganz cool miteinander ins Bett zu steigen und eine Nummer zu machen gibt keinen besonderen Kick. Bei den allerersten Malen fällt es noch schwer, diese Aufregung zu genießen – das entdeckt man erst mit der Zeit. Deshalb ist das zehnte Mal auch garantiert besser als das erste.

So könnte es klappen

Da man aber nun mal nicht mit dem zehnten Mal anfangen kann, noch ein paar Tips, damit der Spaß von Anfang an dabei ist:

➜ Erzählt euch eure Wünsche und Vorstellungen vom ersten Mal. Das kann man witzig und locker machen. Ihr könnt euch zusammen kleine Geschichten ausdenken, zum Beispiel das Märchen vom wunderbarsten Traum-ersten-Mal und die Horrorgeschichte vom allerschrecklichst mißlungenen Grusel-ersten-Mal. Da hinein könnt ihr all eure Hoffnungen und Ängste packen und noch Spaß dabei haben.

➜ Spiel nicht den coolen Superliebhaber. Wenn du mutig genug bist, deine Unsicherheit und Nervosität zuzugeben, zeigst du, daß du ihr vertraust und sie dir auch vertrauen kann. Ihr gebt euch damit gegenseitig die Sicherheit, daß es nicht schlimm ist, wenn nicht alles perfekt läuft – ihr entdeckt schließlich gerade zusammen etwas tolles Neues.

➜ Wenn man sich nicht entspannen kann, weil man von inneren Kommentaren gequält wird, hilft es oft, die Befürchtungen auszusprechen. Dazu reichen wenige Sätze. Denn: Wenn wir zuviel darüber reden, dann kriegt das Ganze eine Schwere, die auch wiederum nicht gut ist. Deshalb kannst du auch ruhig witzige oder flappsige Bemerkungen machen, wenn es dir damit leichter fällt. Probier mal ein paar Sätze im Kopf aus: «Achtung, ich hol Willi raus, nicht lachen, sonst erschreckt er sich.» – «Puh, ich bin so aufgeregt, daß ich gleich schlappmache.» – «Hoffentlich reicht unser Kondomvorrat, ich mach bestimmt erst mal zehn Stück kaputt, bevor ich eins drauf kriege.» – «Wow, ich find's so geil, ich komm bestimmt in zwei Minuten.» Damit klingt es nicht mehr so dramatisch, und du machst es für dich und das Mädchen leichter, darüber zu reden.

Ach ja, falls es noch nicht klar ist: Mädchen sind beim ersten Mal auch aufgeregt, unsicher und ängstlich. Wenn dich mehr dazu interessiert, lies im Kapitel *Frauen* nach. Wenn du dir dann noch aus den anderen Artikeln dieses Kapitels ein paar Infos über *Lust, Orgasmus, Vorspiel* und *Verhütung* holst, solltest du eigentlich gut gerüstet sein.

Analverkehr

Iiiih, Arschficken, das muß doch nun wirklich nicht sein! – Natürlich nicht! – Mach nichts, was du nicht wirklich willst, und lies nicht, was dir nicht gefällt! Du kannst ja einfach weiterblättern.

– Noch da? Doch neugierig? Dann geht es dir, wie den meisten Menschen. Bei sehr vielen Leuten löst das Thema Analverkehr sehr gemischte Gefühle aus. Erst mal empfindet man Angst und Ekel, gleichzeitig ist man aber auch unsicher und möchte eigentlich wissen, was daran denn so reizvoll sein könnte. Wir haben uns bemüht, sehr vorsichtig, aber auch sehr ausführlich über das Thema zu schreiben. Denn aus unserer Beratungsarbeit wissen wir, daß sich sehr viele Jungen Informationen über Analverkehr wünschen.

Gerüchte über Analverkehr

Uns allen ist beigebracht worden, daß der After etwas Schmutziges und Ekliges ist, und «A...loch» gilt wohl nicht zufällig als besonders schlimme Beschimpfung. Viele Menschen empfinden es unanständig und abstoßend, mit diesem Teil des Körpers sexuelle Lust zu verbinden:

→ Gerücht Nummer 1: «*So was Perverses machen doch nur Schwule.*» Das stimmt aber nicht! Viele heterosexuelle Paare machen Analverkehr. Dazu später mehr.

→ Gerücht Nummer 2: *Der After ist im Gegensatz zur Scheide doch gar nicht dafür gedacht, einen Schwanz aufzunehmen.* Das ist der Mund aber eigentlich auch nicht. Trotzdem machen die meisten Menschen Oralverkehr (blasen, Schwanzlutschen) und genießen es, ohne das Gefühl zu haben, etwas Unanständiges oder Abartiges zu tun.

Der After ist ein Muskelring, in dem viele Nervenenden sitzen. Er gehört zu den besonders erregbaren Zonen des Körpers. Wenn man entspannt ist, können sich die Muskeln fast genauso weit dehnen wie die der Scheide. Es ist also allemal genug Platz, damit ein Penis reinpaßt – natürlich nur, wenn der Mann beziehungsweise die Frau es will. Den Schließmuskel kann man nämlich – wie sein Name schon sagt – zuhalten. Wenn jemand nicht will, daß jemand anders bei ihm eindringt, dann kneift er automatisch die Pobacken zusammen. Das passiert auch, wenn man Angst hat.

Nicht wie ein wilder Stier . . .

Das Ganze macht nur dann richtig Spaß, wenn beide sich wirklich darauf einlassen wollen. Anfangs sollte man deshalb auf jeden Fall sehr vorsichtig sein. Herauszufinden, ob die Partnerin oder der Partner es überhaupt ausprobieren möchte, ist nicht so einfach. Wie bringt man das Gespräch auf so ein heikles Thema? Schließlich will man nicht mit der Tür ins Haus fallen und sich eine peinliche Abfuhr holen. Womöglich besteht die Reaktion aus Entsetzen und Ablehnung für die «perverse Idee». Ein bißchen Mut gehört am Anfang schon dazu.

Es gibt aber Möglichkeiten, sich vorsichtig an das Thema und an den Körperteil heranzutasten. Beim Petting kannst du antesten, ob deine Partnerin es mag oder nicht, wenn du ihren After streichelst. Wenn das gut ankommt, kannst du schauen, ob du dich traust, deinen feuchten Finger vorsichtig hineinzustecken. Irgendwann ist dann auch der passende Moment, um zu sagen: «Ich fände es geil, meinen Schwanz mal reinzustecken, meinst du, es würde dir auch Spaß machen?»

Wie fühlt sich das an?

Viele Männer würden gern einfach mal ausprobieren, ob es sich anders anfühlt als in der Scheide. Manche machen gerne Analverkehr, weil sie gemerkt haben, daß es ihnen gefällt, wenn ihr Schwanz stärkeren Widerstand beim Eindringen spürt. Manche heterosexuelle Paare machen es als Verhütungsmethode oder weil die Frau ihre Jungfräulichkeit bewahren will, aber trotzdem den Mann in sich spüren möchte.

Die Schleimhaut im After ist dünner als in der Scheide und sondert keine eigene Gleitflüssigkeit ab. Man muß also nachhelfen, damit es schön flutscht und man sich nicht weh tut und verletzt. Das kann man einfach mit Spucke machen, es gibt aber auch spezielle Gleitmittel, mit denen man Schwanz und After so richtig schön glitschig machen kann.

Über die Analschleimhaut kann man sich besonders leicht mit sexuell übertragbaren Krankheiten, vor allem auch mit dem AIDS-Virus anstecken. Davor schützt man sich am besten mit speziellen Kondomen aus etwas dickerem, besonders reißfestem Gummi. Das Gleitmittel darf dann auf keinen Fall Öl oder Fett enthalten, weil die Präservative davon rissig werden oder platzen können.

Macht Frauen das auch Spaß?

Viele Jungs beschäftigt die Frage: Haben Mädchen und Frauen auch Lust, Analverkehr auszuprobieren? Schwer zu beantworten: Wie wir aus Gesprächen wissen, kommen Mädchen selten von sich aus auf die Idee. Manche sind aber durchaus neugierig und bereit, es zu versuchen, wenn der Junge sagt, daß er es möchte. Es kommt auch vor, daß uns Mädchen anrufen und sich über Analverkehr erkundigen. Einige haben erzählt, daß sie mal Analverkehr gemacht haben, weil der Freund es wollte; sie selbst

153

aber hatten keinen Spaß dabei. – Wie schon gesagt, wenn du es wissen willst, wirst du wohl deinen Mut zusammennehmen und deine Freundin fragen müssen.

Passiver Analverkehr

Viele Männer haben die Phantasie, mal selber aktiv Analverkehr auszuprobieren. Ganz anders sieht es mit der passiven Rolle aus. Da ist für die meisten klar: «Ich bin doch nicht schwul, auf so was steh ich nicht!» Fast überall auf der Welt gilt, daß ein Mann, der sich vögeln läßt, nicht richtig männlich ist. An diesem Punkt kriegen Männer Angst, zu Frauen gemacht zu werden. Es muß nicht das Ziel eines jeden Mannes sein, passiven Analverkehr auszuprobieren. Aber es ist interessant, daß wir als Männer so sehr Angst davor haben. Sicherlich hat es sehr viel damit zu tun, daß Männer eine tiefe, oft unbewußte Angst haben, weiblich zu sein. Aber irgendwo – bei aller Angst – gibt es auch die Lust daran, einmal weiblich sein zu dürfen. Und genau das ist es, warum so viele Männer was über Analverkehr erfahren wollen. Es ist der Reiz des Verbotenen.

Ein unbekanntes Lustorgan: die Prostata

Neben dem gibt es aber auch körperliche Voraussetzungen, die den passiven Analverkehr auch für Männer lustvoll machen können. Wie schon gesagt, enden im After sehr viele Nerven – fast so wie in der Eichel, im Kitzler und in den Brustwarzen. Wenn die durch Berührung und Reibung gereizt werden, macht das sexuelle Lust. Die Intensität dieser Lust empfindet jeder Mensch anders. Sie kann sich entwickeln – vorausgesetzt, man will sich darauf einlassen. Bei Männern gibt es außerdem noch eine zweite Quelle der Lust: die Prostata, auch Vorsteherdrüse genannt.

Sie ist das Organ im Körper des Mannes, das die Samenflüssigkeit erzeugt. Diese Drüse ist zugleich ein Lustorgan. Sie ist sehr empfänglich für Reizungen. Viele Männer erfahren davon allerdings erst, wenn sich die Prostata mal entzündet und Probleme beim Pinkeln macht. Zur Untersuchung muß der Arzt mit dem Finger durch den After danach tasten. Dann ist die Berührung allerdings eher unangenehm.

Eine gesunde Prostata dagegen erzeugt ein schönes Gefühl, wenn sie massiert wird. Beim Analverkehr kann das der Schwanz eines anderen Mannes machen – es geht aber genauso gut mit dem Finger oder mit einem Gummischwanz aus dem Sexshop. Ein Mann muß also keinen schwulen Sex haben, um diese Art der Lust kennenzulernen. Viele Männer, die es ausprobiert haben, erzählen, daß sie durch Reizung der Prostata einen sehr intensiven Orgasmus erleben.

Fruchtbarkeit und Verhütung

Das einzige Ziel der 300 bis 500 Millionen Spermien bei einem Samenerguß ist es, zu einer Eizelle zu gelangen und diese zu befruchten. Wie du sicher aus dem Biologieunterricht oder anderen Aufklärungsbüchern weißt, sind die Geschlechtsorgane für diesen Zweck zueinander passend eingerichtet. Im übrigen ist zur Befruchtung einer Eizelle nur ein einziges Spermium nötig. Der männliche Körper geht also supergroßzügig mit seiner Fruchtbarkeit um. Mit zwei Samenergüssen täglich kommst du innerhalb von einer Woche auf soviel Spermien, wie es Menschen auf der Erde gibt.

Du bist fruchtbar vom Beginn der Pubertät an bis zum Ende deines Lebens. Die Samenzellen werden in den Hoden ständig neu produziert – es gibt also keinen Vorrat, der irgendwann erschöpft sein könnte. Du wirst auch mit achtzig, neunzig oder hundert Jahren noch Samenergüsse haben und Kinder zeugen können. Aber bis dahin ist ja noch ein bißchen Zeit.

Vater oder nicht?

Wichtiger für dich ist im Moment, daß du auch jetzt schon fruchtbar bist. Schon mit dem allerersten Samenerguß deines Lebens hätte ein Kind gezeugt werden können. Das ist auf der einen

Seite sicherlich eine ganz tolle Vorstellung, mit der sich die meisten Jungen überhaupt nicht beschäftigen. Vielleicht hast du ja mal eine Gelegenheit, dein eigenes Sperma unter dem Mikroskop anzuschauen – dann kannst du sehen, wieviel Leben da drin steckt.

Die andere Seite ist, daß du mit vierzehn, fünfzehn oder sechzehn wahrscheinlich noch nicht Vater werden möchtest. Trotzdem hast du vielleicht Lust, mit Mädchen zu schlafen. Und die sind meistens auch nicht besonders scharf darauf, schwanger zu werden. Ihr müßt euch also gemeinsam Gedanken darüber machen, wie ihr verantwortungsvoll mit eurer Fruchtbarkeit umgeht, damit ihr kein ungewolltes Kind zeugt.

Zum Glück ist das heute keine Schande mehr, die dir den Spaß am Sex verderben muß. Es gibt viele verschiedene Methoden und Mittel, mit denen man eine ungewollte Schwangerschaft verhindern kann. Die meisten Sachen müssen zwar von den Mädchen angewendet werden, aber auch Jungen können aufpassen, daß sie nicht ungewollt Vater werden. Sie können sich zum Beispiel über die Methode, mit der das Mädchen verhütet, informieren. Und aufpassen, daß sie auch wirklich ihre Pille genommen hat – so was kann sie schon mal vergessen.

Auch solltet ihr die Entscheidung, wie ihr verhütet, gemeinsam treffen, denn sie betrifft euch beide. Nur wenn ihr beide das Gefühl habt, daß ihr auf eine Art verhütet, die möglichst sicher, nicht gesundheitsschädlich und bequem ist, könnt ihr wirklich entspannt Sex haben.

Damit ihr das auch hinkriegt, braucht ihr natürlich ein paar Informationen. Weil wir davon ausgehen, daß in jedem vernünftigen Biologiebuch Verhütungsmittel ausführlich beschrieben und erklärt werden, sparen wir uns das hier. Außerdem gibt es verschiedene kostenlose Broschüren speziell für Jugendliche zum Thema Verhütung.

Bei der Auswahl könnt ihr euch helfen lassen – zum Beispiel von unseren Kolleginnen und Kollegen in den PRO FAMILIA Beratungsstellen in ganz Deutschland. Auch Jugendliche können eine kostenlose Beratung zur Verhütung in Anspruch nehmen.

Kein Verlaß auf den Rückzieher

Vielleicht bist du mit einem Mädchen zusammen, die die Pille wegen möglicher Nebenwirkungen nicht nehmen will, Zäpfchen zu unsicher findet, mit dem Pessar (Diaphragma) nicht klarkommt und deren Zyklus zu unregelmäßig ist, um wirklich sichere Tage ausrechnen zu können. Was dann? Sag jetzt bloß nicht, «dann passe ich eben auf und zieh ihn raus, bevor ich komme». Obwohl es für das Aufpassen oder den Rückzieher sogar eine lateinische Bezeichnung gibt, nämlich *Coitus interruptus* (unterbrochener Geschlechtsverkehr), hat das überhaupt nichts mit Verhütung zu tun. Erstens kann vor dem eigentlichen Erguß schon Samenflüssigkeit herauskommen, und zweitens verdirbt es ganz einfach den Spaß. Du mußt dich die ganze Zeit darauf konzentrieren, wann es dir kommt; und dann müßt ihr unterbrechen, wenn es am schönsten ist. Also, laß den Quatsch!

Petting oder Analverkehr oder Kondom

Was also, wenn sie nicht verhüten will? Wir haben in diesem Kapitel viel darüber geschrieben, daß Sex genauso geil und befriedigend sein kann, wenn du dabei nicht mit deinem Schwanz in ihrer Scheide warst. Es ist zwar nicht ganz unmöglich, beim Petting schwanger zu werden, aber dabei könnt ihr beide ganz gut durch ein bißchen Aufpassen verhindern, daß dein Sperma in ihre Scheide kommt. Oft will man aber beim Sex nicht auf das intensive Gefühl verzichten, ineinander zu sein. Wenn du es willst, frage sie, ob sie Analverkehr ausprobieren will. Es gibt aber noch eine Möglichkeit, ineinander zu sein und sich dabei nicht nur vor einer ungewollten Schwangerschaft, sondern auch noch vor sexuell übertragbaren Krankheiten zu schützen – mit einem Kondom.

Wir wollen dich hier nicht damit langweilen, noch mal ausführlich zu erklären, was Kondome sind und wie sie funktionieren. Fast alle Jungen wissen darüber heutzutage Bescheid. Die meisten haben sogar immer eins in der Tasche. Daß die Kerle sich nicht um die Verhütung kümmern, ist ein altes Vorurteil, das nicht mehr stimmt. Eine Untersuchung der Bundesregierung hat ergeben, daß mittlerweile bei mehr als der Hälfte aller jugendlichen Paare die Jungen die Verantwortung übernehmen und Kondome benutzen. Herzlichen Glückwunsch!

Warum manche das Kondom scheuen . . .

Leider bleiben sie aber im entscheidenden Moment oft immer noch in der Tasche. Häufig weil man befürchtet, sich zu blamieren, wenn man im entscheidenden Moment mit dem Kondom nicht zurechtkommt. So einfach wie in Werbespots und Aufklärungsbroschüren ist es eben nicht, mit dem Gummi umzugehen. Wenn man noch nicht soviel sexuelle Erfahrung hat, ist man sowieso nervös und hat Angst, etwas falsch zu machen. Die größte Sorge der meisten Jungen ist, daß der Schwanz schlappmacht, sobald man versucht, ein Kondom darüber zu ziehen. Tatsächlich passiert das auch öfter, weil man unterbrechen muß und ein bißchen abgelenkt wird. Zu einem Problem wird das allerdings erst, wenn man sich den Streß macht, daß er die ganze Zeit stehen muß wie eine Eins – Stichwort: Leistungsdruck. Man redet sich ein, daß etwas sofort klappen muß, und setzt sich damit so unter Druck, daß es erst recht schiefgeht. Wenn es beim ersten Versuch nicht funktioniert, kann man einfach weiterschmusen, bis der Schwanz wieder steif genug ist; Mädchen haben damit überhaupt keine Probleme und lachen bestimmt niemanden aus, wenn es mit den blöden Gummidingern nicht sofort klappt.

Kondome zu benutzen ist Übungssache. Das trainiert ein Junge am besten erst mal alleine, wenn's noch nicht darauf ankommt: Besorg dir verschiedene Sorten und probier aus, mit wel-

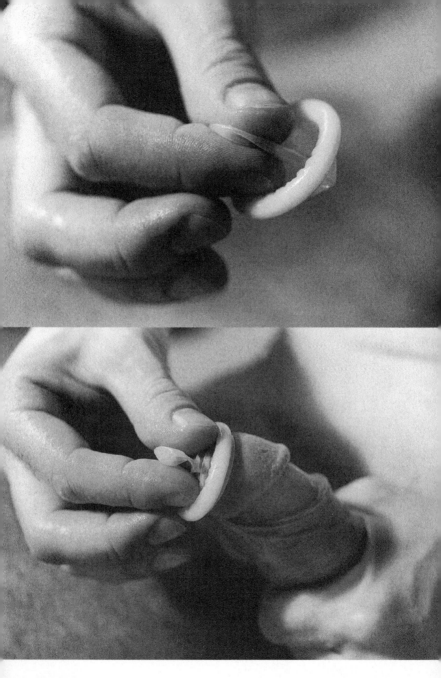

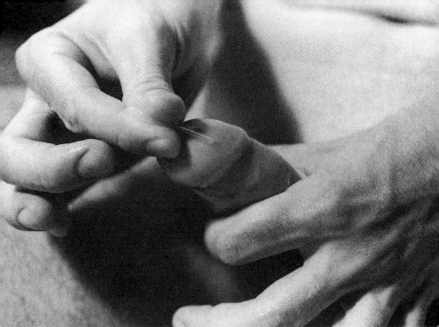

chem du besonders gut klarkommst. Obwohl die Größe von Kondomen genormt ist, kann es sein, daß dir die Gummis von einigen Herstellern zu eng oder zu locker sitzen. Aber es gibt keinen Schwanz, auf den keine der vielen Kondomsorten paßt. Nach einigen Versuchen wirst du sicher deine Marke finden.

Üben!

Spiel ein bißchen mit den Dingern. Versuch mal, ob du ein Kondom im Dunkeln oder mit einer Hand drüberrollen kannst. Hol dir mal mit Kondom einen runter, damit du auch weißt, wie es sich anfühlt, wenn der Schwanz nach dem Orgasmus im Gummi schlaff wird. Dann kann er nämlich ziemlich leicht abrutschen, und darauf sollte man im Ernstfall ein bißchen achten.

Natürlich bleibt dann immer noch das Problem, miteinander zu klären, daß man Kondome benutzen möchte. Das Gespräch ergibt sich leider nicht so ganz von alleine, und du willst wahrscheinlich auch nicht zu früh oder im falschen Moment damit anfangen und die Stimmung verderben. Andererseits beweist du

Vertrauen und Verantwortungsgefühl, wenn du das Thema ansprichst. Meistens haben sogar beide schon darüber nachgedacht und darauf gewartet, ob der andere anfängt. Also sei einfach mal ein bißchen mutig – vielleicht entwickelt sich aus einer sachlichen Unterhaltung über Verhütung ein ganz heißes Sexgespräch.

Bis hierher haben wir nur für Jungs geschrieben, die verhüten wollen. Aber was ist mit denen, die vorhaben, Papa zu werden?

Vater werden ist nicht schwer ... einer sein dagegen sehr

Irgendwann willst du vielleicht Kinder und bist mit einer Frau zusammen, die es auch will. Die Entscheidung, ob und wann es passieren soll, müßt ihr gemeinsam treffen. Dazu gehört auch, euch bewußt zu machen, was alles auf euch zukommt – die neue Rolle als Mutter und Vater wird euer Leben sehr verändern, und ihr werdet sie so schnell nicht wieder los, wenn ihr euch dafür entschieden habt.

Der erste Schritt – die Zeugung – ist das geringste Problem. Damit fängt die Geschichte aber erst an.

Endlich erwachsen!

Ein Kind zu haben bedeutet auch, neben der Freude über das neue Leben und dem Gefühl, endlich erwachsen zu sein, sehr viel Verantwortung tragen zu müssen. Eltern werden nicht für ihren Job ausgebildet, trotzdem erwartet jeder, daß sie einfach wissen, wie man Kinder richtig großzieht. Wenn Kinder älter werden, erinnern sie deshalb fast immer etwas, das ihre Eltern bei ihnen falsch gemacht haben. Du mußt wahrscheinlich auch nicht lange überlegen, bis dir etwas einfällt. Du weißt aber sicher auch, was deine Eltern toll gemacht haben. Diese guten und schlechten Beispiele können dir bei der Vorbereitung helfen, wenn du dir überlegst, wie du als Vater sein willst. Es gibt dafür nämlich kein Patentrezept, auch wenn die Buchhandlungen voll sind mit Erziehungsratgebern. Es ist ein lebenslanges Abenteuer, Kinder zu haben, du lernst von ihnen mindestens soviel wie sie von dir.

Guter Liebhaber

Wenn es einen guten Liebhaber gibt, dann muß es auch einen schlechten geben. Was aber ist ein guter und was ist ein schlechter? Gut und schlecht – so was kann unter Druck setzen. Wir haben dann das Gefühl, wir müßten so und so sein, um von der Partnerin anerkannt und geliebt zu werden. Manche Männer glauben, sie müßten muskulös und superpotent sein, um als guter Liebhaber durchzugehen. Wenn sie das nicht sind, glauben sie, seien sie eben ein schlechter Liebhaber. Manche glauben, sie müßten ganz viel Ideen haben beim Sex und immer die Führung übernehmen, immer der Frau zeigen, wo's langgeht, immer den ersten Schritt tun, immer Lust haben.

Es ist noch kein guter Liebhaber vom Himmel gefallen

Mit solchen Bildern im Kopf machen wir es uns sehr schwer. Wir vergessen nämlich dabei, daß jede Partnerin, jede Beziehung und jeder Zeitpunkt immer wieder anders ist. Jede Partnerin hat andere sexuelle Wünsche, jede Beziehung läuft anders, was auch den Sex beeinflußt, und vor allem, auch wir selbst sind zu jeder Zeit anders drauf. Mal sind wir verliebt, mal haben wir ganz viel Lust auf Sex, mal keine, mal sind wir gekränkt, mal erschöpft und so weiter. Da können wir nicht immer superpotent und ideenreich sein – und manchmal sind wir es eben doch. Verliebte haben oft ganz andere sexuelle Wünsche als Von-der-Arbeit-Gestreßte. Ein Quickie mit einer fremden Frau ist ganz anders als der Sex mit einer Frau, mit der wir schon Jahre zusammenleben. Von daher gibt es kein Gut und kein Schlecht, kein Richtig und kein Falsch.

Wer das geschnallt hat, ist auf dem besten Wege, ein guter Liebhaber zu werden. Es gibt ihn nämlich doch – wir müssen ihn

jedoch in uns selbst entdecken. Wenn wir uns frei machen können davon, ein guter Liebhaber sein zu *müssen*, wie wir es oben beschrieben haben, dann finden wir möglicherweise zu uns selbst. Wir wissen, was wir wollen, was uns Spaß und Lust macht, welche Partner gut für uns sind und welche nicht.

Auf dem Weg zum guten Liebhaber

Wenn wir uns die richtigen Partner aussuchen und wissen, was uns Lust macht, dann werden wir eine befriedigende Sexualität erleben. Dann werden wir aber auch auf unsere Partnerin eingehen können: Wenn sie gerade nicht vögeln will, dann setzen wir sie nicht unter Druck. Wenn sie Zärtlichkeiten will, sind wir zärtlich – sofern wir das auch wollen.

Wir sprechen von einem guten Liebhaber, wenn sie Spaß gehabt hat mit ihm und das Gefühl hatte, von ihm geliebt und verstanden worden zu sein. Wenn er es geschafft hat, sie zu befriedigen – körperlich und seelisch.

Pornos

Das hier ist ja nun ein Jugendbuch. Da wird bestimmt irgendwer kommen und fragen, was darin ein Artikel über Pornos soll. Die darfst du nämlich noch gar nicht kennen, wenn du unter achtzehn bist. Stimmt! Das Jugendschutzgesetz schreibt eindeutig vor, daß es strafbar ist, Jugendlichen pornografische Darstellungen zugänglich zu machen. Würden wir auch nie tun.

Wir wissen aber aus den Jungengruppen bei PRO FAMILIA, daß trotzdem fast die Hälfte aller Jungen schon mit fünfzehn oder sechzehn das erste Pornoheft oder den ersten Film gesehen hat. Viele sind neugierig, endlich mal richtigen Sex zu sehen, und sie wissen, wo Papa seine Hefte und Kassetten versteckt. Oder sie haben einen achtzehnjährigen Freund, der sie versorgt. Manche gucken aber auch nur, weil sie das Gefühl haben, sonst nicht mitreden zu können, und trauen sich nicht, zuzugeben, daß sie die Filme eigentlich blöd oder eklig finden.

166

Sind Pornos schädlich?

Ob Pornos grundsätzlich schädlich sind für die Entwicklung von Jugendlichen, ist unter Fachleuten ziemlich umstritten. Wir wollen hier lieber nicht in diese Diskussion einsteigen.

Allerdings möchten wir dich davor warnen, Pornos als Informationsquelle über Sexualität zu benutzen. Glaub lieber nicht alles, was du in Filmen siehst. Die Saurier in Jurassic Park sind auch nicht echt, und Männer und Frauen sind im wirklichen Leben auch nicht immer geil, und sie können und wollen nicht immer.

Die Männer in den Filmen werden danach ausgesucht, ob sie einen besonders großen Schwanz haben, und jeder Samenerguß wird so hintereinandergeschnitten, daß es aussieht, als verspritzte er einen halben Liter.

Der Sex in den Filmen ist vielleicht echt, die Gefühle aber sind immer gespielt. Stell dir einfach mal die Situation vor, mit jemandem zu schlafen, in einem hell erleuchteten Studio, drum herum stehen zwei Kameraleute, ein Tontechniker, der Regisseur und noch drei Beleuchter. Mittendrin sagt dann noch jemand: «Stop, das Mikrophon ist im Bild, ihr müßt noch mal von vorne anfangen.» Das hat wohl nicht viel mit Erotik und kribbeligen Situationen zu tun.

Zuschauen macht Lust

Wenn man weiß, daß Pornografie gespielte Phantasien sind und man sie nicht mit dem Leben verwechselt, kann man sich trotzdem davon anmachen lassen. Aber man sollte nicht den Ehrgeiz entwickeln, das genau so nachmachen zu müssen. Es gibt Paare, die sich von Pornos zu neuen Ideen in der eigenen Sexualität anregen lassen: Wenn beide Spaß daran haben, kann das sehr lustvoll sein.

Viele Menschen haben allerdings ein schlechtes Gewissen, weil sie sich durch Bilder und Filme sexuell erregen lassen. Lust am Schauen ist jedoch völlig normal. Der Freundin zuzuschauen, wenn sie sich auszieht oder selber streichelt, macht Lust – das ist nicht schlecht oder pervers. Wir erleben Sexualität mit allen unseren Sinnen, also auch mit den Augen.

Pornos können für die Schaulust befriedigend sein – sie können aber auch sehr bedrückende Gefühle auslösen, wenn sie sexuelle Wünsche wecken, mit denen man dann alleine bleibt. Da hilft nur: Fernseher aus und raus ins Leben. Da funktionieren die Dinge nicht so einfach wie im Film, aber es gibt echte Menschen zum Anfassen.

Sexuelle Erfahrung

Viele Jungs und Männer glauben, sie seien erst dann männlich, wenn sie viel Erfahrung beim Sex oder mit Frauen aufweisen können. Das ist falsch. Außerdem setzt es unnötig unter Druck. Sexuelle Erfahrungen sind etwas, das jedem ganz allein gehört. Menschen, die wenig Sex in ihrem Leben hatten oder die vielleicht noch nie mit einem anderen Menschen geschlafen haben, haben auch ihre Erfahrungen gemacht. Nämlich die, daß sie aus Gründen, die nur sie selbst kennen, so leben, wie sie leben. Es kann manchmal ganz sinnvoll sein, eine Lebensspanne hindurch ohne Sex zu leben. Wenn wir uns zum Beispiel unklar darüber sind, was wir eigentlich wollen – ohne oder mit Bindung, homo- oder heterosexuell, Familie mit oder ohne Kinder ... Vielleicht sind wir aber auch sehr schüchtern und trauen uns noch nicht an Sex heran – wir warten, bis wir bestimmte Ängste überwunden haben. Auch das ist eine lebenswichtige Erfahrung.

Alles, was wir erleben, ist Erfahrung

All das, was wir im Leben erfahren, wird eben auch zur Erfahrung. Dabei gibt es gute und schlechte Zustände und Ereignisse. Verliebtsein, Liebeskummer, sich einsam fühlen, geil sein, eine Abfuhr bekommen haben, das erste Mal, das fünfundzwanzigste Mal, versagt haben, geliebt werden, begehrt werden, ungeliebt sein, Trennungen, Erfolg beim Flirten, noch nie Sex gehabt haben, ständig Sex haben, beim Onanieren erwischt worden sein, Streit mit den Eltern, tolle Clique, kein Hobby und so weiter. Ob wir es wollen oder nicht – all das und noch viel mehr dient dazu, daß wir lernen, uns durch Erfahrung weiterzuentwickeln. Nervig ist nur, daß es immer wieder einige aufgeplusterte Angeber gibt, die mit ihren angeblichen sexuellen Erfahrungen nur so um sich schmeißen. Natürlich waren die alle supertoll. Da hilft nur eins: Ohren zu und das eigene Leben weiterleben.

Gesetze

Die Zeiten sind aufgeklärter geworden – staatliche Gesetze sind heute nicht mehr dazu da, Sexualität zu regeln und zu verbieten. Im Sexualstrafrecht sind vor allem Altersgrenzen festgelegt für sexuelle Handlungen, die Kinder und Jugendliche davor schützen sollen, von Erwachsenen mißbraucht zu werden.

Je nach Religionszugehörigkeit kann es für dich aber darüber hinausgehende Vorschriften geben. Wenn du dich nicht daran hältst, wirst du zwar nicht offiziell bestraft, aber deine Umwelt setzt dich moralisch unter Druck und macht dir ein schlechtes Gewissen. Denn für Sexualität gelten neben den geschriebenen immer auch sehr viele ungeschriebene Gesetze. Die einen wie die anderen sind nicht so einfach zu durchschauen. In einigen Fällen müßte man Jurist sein, dann wieder Theologe und manchmal am besten Hellseher. Außerdem dreht – je nachdem, wieviel Macht jemand hat – jeder die Dinge immer ein bißchen so hin, wie sie ihm gerade gut gefallen. Absolut eindeutige Antworten auf die Frage, was erlaubt und was verboten ist, können wir dir also nicht geben.

Wir wollen aber zumindest versuchen, dir die geschriebenen Gesetze zu erklären:

→ Der § 182 des Strafgesetzbuches regelt das Sexualstrafrecht. Danach sind sexuelle Handlungen mit Personen *unter vierzehn Jahren* immer strafbar.

→ Wie es aussieht, wenn ihr *beide unter vierzehn* seid, konnte uns niemand eindeutig beantworten. Einerseits könnte man wahrscheinlich etwas flapsig sagen, ihr seid noch Kinder und die Sachen, die ihr miteinander macht, sind Doktorspiele und kein Sex. Andererseits gibt es ein Gesetz, das die Förderung von sexuellen Handlungen Minderjähriger verbietet. Davon sind Erziehungsberechtigte aber wieder ausgenommen. Also deine Eltern dürfen dich, auch wenn du dreizehn bist, mit deiner Freundin allein lassen – wenn die Eltern des Mädchens auch einverstanden sind.

→ Ab *sechzehn Jahren* sind alle sexuellen Beziehungen mit Personen, die auch *sechzehn oder älter* sind, nicht strafbar. Auch wenn ihr beide über vierzehn, aber unter sechzehn seid, ist es erlaubt, wenn ihr Sex miteinander habt. – Soweit alles klar?

→ Dann machen wir es jetzt ein bißchen komplizierter. Wenn die eine Person *über achtzehn ist und die andere über vierzehn, aber unter sechzehn*, könnte Sex strafbar sein, wenn der oder die Jüngere nicht reif genug ist und dabei mißbraucht wird. Das heißt, wenn du fünfzehn bist und dein Freund oder deine Freundin ist über achtzehn, könnten zum Beispiel deine Eltern eine Anzeige machen.

→ Umgekehrt könntest du angezeigt werden, wenn du *achtzehn* bist und deine Freundin oder dein Freund ist *unter sechzehn*. Das «Opfer» wird bei solch einem Verfahren aber auch befragt, bevor jemand bestraft wird. Wenn die jüngere Person dann aussagt, daß beide den Sex wollten, kann normalerweise nichts passieren.

→ Jemanden mit psychischer oder körperlicher *Gewalt zu Sex zu zwingen* ist immer strafbar – egal wie alt das Opfer ist. Jeder Mensch hat das Recht, über seinen Körper selbst zu bestimmen. Es gibt Berührungen und Zärtlichkeiten, die dir unangenehm sind, die angst machen, dich verletzen oder verwirren. Wenn dich jemand auf eine Art anfaßt, die du nicht willst, oder wenn dich jemand zum Sex zwingt oder überredet: das ist *sexuelle Gewalt*.

Daß sie verboten und strafbar ist, ändert allerdings nicht daran, daß sie täglich passiert.

Leider erleben viel mehr Jugendliche sexuelle Gewalt durch Erwachsene, als man gemeinhin denkt. Wenn du selbst so etwas erlebst oder erlebt hast, bist du also sicherlich nicht der einzige. Mittlerweile gibt es in fast allen Städten Einrichtungen, bei denen du dir Hilfe holen kannst. Die Mitarbeiterinnen und Mitarbeiter stehen unter Schweigepflicht und machen nichts, was sie nicht mit dir abgesprochen haben. Unter der kostenlosen Telefonnummer des Kinder- und Jugendtelefons 0800–1110333 kannst du fragen, an wen du dich in deinem Ort wenden kannst.

[Probleme mit den

All unsere Beziehungen – zur Freundin, zur Ehefrau, zu anderen Freunden und Bekannten – haben viel mit unserem Verhältnis zur Mutter und zum Vater zu tun. Wenn wir von klein auf eine vertrauensvolle, harmonische Beziehung zu den Eltern gehabt haben, werden wir mit anderen Menschen das gleiche erleben. Wir werden – instinktiv – nur mit Leuten verkehren, die uns ebenso wohlgesonnen sind, wie unsere Eltern es damals waren. Menschen, die uns nicht guttun, werden wir also automatisch meiden. Andersrum:
Wenn unsere Elternbeziehungen schon früh gestört waren, etwa weil wir – ganz platt gesagt – nicht geliebt wurden oder unerwünscht waren, werden wir immer ein gewisses Mißtrauen anderen Menschen gegenüber haben. Wir werden uns auch bei denen ungeliebt fühlen, die uns eigentlich nichts Böses wollen. Oder wir werden uns immer diejenigen Partner aussuchen, die uns eigentlich gar nicht wollen.

Eltern]

Die ersten Jahre sind die wichtigsten

Von den Eltern geliebt werden oder nicht geliebt werden – das sind zwei Extreme, die es in dieser einfachen Form nur selten gibt. Es ist auch nicht immer einfach festzustellen, ob uns die Eltern lieben oder nicht. Es kommt oft vor, daß sich Menschen von ihren Eltern geliebt fühlen, von einer tollen Kindheit schwärmen, aber sonst mit dem Leben nicht klarkommen. In so einem Fall kann es sein, daß sie sich nicht mehr an die traurigen Erlebnisse in ihrer Elternbeziehung erinnern. Das liegt daran, daß Säuglinge und kleine Kinder nicht wie Erwachsene die Möglichkeit haben, bei Kummer und Enttäuschung mit jemandem zu reden, fernzusehen oder sich anders abzulenken. Sie verdrängen ihre traurigen Gefühle. Verdrängen heißt, sie erinnern sich nicht mehr – doch die unangenehmen Erfahrungen wirken trotzdem nach: Sie sind vergessen, aber nicht verschwunden.

Die Beziehung, die wir zur Mutter oder zum Vater haben, ist also viel komplizierter und verstrickter, als wir es zunächst erinnern und mitkriegen. Dabei hat die Mutter eine besondere Bedeutung. Sie ist der erste Mensch, mit dem wir körperlich und auch seelisch intensiv in Beziehung treten. Wenn wir uns als Säugling bei unserer Mutter wohl fühlen, dann geht es uns auch später im Leben gut – wir haben Vertrauen in die Mutter, ins Leben, in die Welt. Dieses Vertrauen nennt man Urvertrauen. Doch nicht jeder Säugling macht gute Erfahrungen – zum Beispiel wenn die Mutter nicht auf seinen Hunger oder sein Schlafbedürfnis eingeht oder wenn sie ihn dauernd schreien läßt. Menschen, die in ihrer frühen Mutterbeziehung überwiegend schlechte Erfahrungen gemacht haben, sind später auch mißtrauisch dem Leben und anderen Menschen gegenüber. Dieses Mißtrauen nennt man Urmißtrauen.

Als Kinder müssen wir viele Krisen mit den Eltern durchstehen

Mit einem gewissen Maß an Urvertrauen beziehungsweise Urmißtrauen sind wir in dieser Zeit ausgestattet worden. Doch dann kommt schon bald die nächste Prüfung. Wenn wir ungefähr zwei Jahre alt sind, werden wir bockig. Wir entdecken, daß wir einen eigenen Willen haben, und wollen ihn auch durchsetzen. Es kommt zu Machtkämpfen mit Mutter und Vater. Wenn unsere Eltern mit unserem Trotz klarkommen und uns deswegen nicht bestrafen, werden wir unsere Unabhängigkeit entwickeln – andernfalls fühlen wir uns klein und abhängig. Vielleicht fürchten wir dann noch als Erwachsene, für unseren eigenen Willen bestraft zu werden. Da das alles sehr früh passiert, wissen wir es nicht mehr – es ist unbewußt.

Wir müssen noch viele solcher Krisen mit den Eltern oder mit einem Elternteil durchstehen, bis wir eine eigene Wohnung haben, einem Beruf nachgehen, in einer stabilen Liebesbeziehung leben.

Eine der Krisen ist die Pubertät. In dieser Zeit wollen wir uns stärker als zuvor von zu Hause lösen. Wir merken, daß andere Beziehungen wichtiger werden als die Eltern – vielleicht binden wir uns bereits jetzt schon fest an einen Menschen. In dieser Zeit gibt es oft heftige Streitigkeiten zwischen Eltern und Söhnen (und Töchtern). Das kann so heftig werden, daß mancher Junge (und manches Mädchen) an Auszug denkt. Manchmal läuft der Streit nur mit der Mutter oder nur mit dem Vater. Oft halten die Eltern aber auch zusammen, und man muß sich gleich mit beiden anlegen.

Streit mit den Eltern – wie du damit fertig werden kannst

Eltern und Jugendliche – beide Seiten machen Fehler, wenn es hart auf hart kommt. Dabei geht es hauptsächlich um Macht.

Während der Pubertät verlieren Eltern an Macht, und Jugendliche wollen mächtiger werden. Da geht manchmal ganz schön die Post ab. Was Jungs oft falsch machen und was du tun kannst, wenn es brennt:

➜ Fehler Nr. 1: *Schlechtes Gewissen.* Viele Jugendliche haben ihren Eltern gegenüber ein schlechtes Gewissen. Sie trauen sich nicht, ein klares Wort zu sprechen und ihre Rechte durchzusetzen. Sie kommen nicht auf die Idee, ihr Zimmer abzuschließen, um für sich allein zu sein. Sie gehen nicht auf die Barrikaden, wenn die Eltern ihnen unrecht tun. Das liegt daran, daß für viele Jugendliche die Eltern noch sehr mächtig sind. Wohlgemerkt: *noch,* denn das ändert sich ja gerade in der Pubertät. Solange die Eltern in den Augen der Jugendlichen so mächtig sind, fühlen sich die Jugendlichen immer noch abhängig. Jetzt, in der Pubertät, können und wollen viele die Abhängigkeit nicht mehr ertragen. Sie werden wütend. Und genau an dem Punkt meldet sich das schlechte Gewissen: Sie wollen ihre Eltern nicht verletzen – und sie wollen ihre Liebe nicht verlieren. Ein ganz schönes Gefühlschaos. Wut gegen schlechtes Gewissen. Verständlich ist es also schon, dieses schlechte Gewissen, aber es ist auch hinderlich. Denn es sorgt dafür, daß viele Jugendliche ihre Wut aufstauen. Irgendwann platzt sie dann heraus – viel größer, als sie ursprünglich mal war. Wenn du also merkst, daß du wütend bist, weil deine Eltern Mist gebaut haben, dann raus mit der Sprache. Du mußt dich ja nicht wie ein T. Rex vor ihnen aufbauen; aber ruhig und sachlich den Mist aufgetischt – vielleicht hast du Erfolg. Wenn nicht, sprich mit Freunden, Lehrern oder geh zu einer Beratungsstelle. Laß das schlechte Gewissen, wo es ist, aber setz dich trotzdem durch. Das ist ein gutes Training für spätere Beziehungen – sonst tanzen dir alle auf der Nase rum.

➜ Fehler Nr.2: *Anerkennung suchen.* Viele Jungs ringen wie blöd um Anerkennung von den Eltern. Sie wollen den Eltern beweisen, wie toll sie sind und daß sie um alles in der Welt so, wie sie sind, angenommen werden wollen. Das hat auch viel damit zu tun, daß die Eltern noch sehr mächtig sind. Dahinter steht nämlich die Hoffnung, von den «mächtigen» Eltern anerkannt zu werden. Das ist ganz normal und geht irgendwann vorbei. Doch es ist auch eine Falle. Je mehr die Jungs um Anerkennung betteln, desto mehr weigern sich die Eltern, die Anerkennung zu geben. Das sieht dann meistens so aus, daß die Jungs Sachen machen, die den Eltern nicht passen. Aber sie machen die Sachen nicht immer nur, weil sie dazu stehen. Sie wollen manchmal auch grüne Haare haben, um den Eltern eins auszuwischen. Dahinter steckt der Wunsch, das Unmögliche möglich zu machen – und dafür von den Eltern anerkannt zu werden.

Es ist egal, ob deine Eltern gut finden, was du tust. Wichtig ist, daß es dir gefällt. Nichts anderes zählt. Wenn deine Eltern deine Freundin doof finden – was soll's, sie müssen ja nicht mit ihr schmusen. Wenn deine Eltern deine Hobbys komisch finden und du aber Spaß an ihnen hast, dann versuche nicht ständig, deine Eltern zu überzeugen. Das kostet nur Kraft. Je unabhängiger du dich von der Meinung anderer machst, desto freier bist du. Die Eltern sind ein gutes Übungsfeld.

→ Fehler Nr. 3: *Alles, was die Eltern denken und tun, ist falsch.* Bei Kindern ist es so, daß sie ihre Eltern großartig finden. Alles, was die Eltern tun, denken und sagen, ist aus Sicht der Kinder richtig. Bei vielen Menschen ändert sich das, wenn sie in die Pubertät kommen – sie finden gar nicht mehr alles gut, was die Eltern tun.

Doch wenn Götter an Macht verlieren, dann werden sie oft durch den Kakao gezogen. Während der Pubertät und danach blüht vielen Eltern der Sturz der Götter. Das ist nicht nur normal, sondern auch sehr wichtig. Manchmal schafft man es nur, sich freizumachen, wenn man die Eltern für eine Zeit ganz schrecklich findet. Deswegen ist man kein schlechter Mensch, man ist nur gerade damit beschäftigt, erwachsen zu werden. Viele strampeln auch mit ihren Gefühlen hin und her: einerseits finden sie ihre Eltern immer noch supertoll, so wie früher, andererseits finden sie sie eben auch daneben. Dieser innere Konflikt kann sehr anstrengend sein, weil man nicht weiß, wie man sich verhalten soll – aggressiv oder zugeneigt. Die Lösung liegt darin, zu sehen, daß die Eltern weder ganz toll noch völlig daneben sind, sondern ganz normale Menschen mit Stärken und Schwächen. Doch das zu erkennen braucht Zeit. Wichtig ist aber, zu merken, was du willst – unabhängig von deinen Eltern. Wenn deinen Eltern bestimmte Klamotten an dir gefallen oder ein bestimmter Haarschnitt, dann darf es dir auch gefallen – muß aber nicht. Oder vielleicht doch?

Eltern verlieren ihre Macht

Aber auch Eltern haben ihren Streß. Sie verlieren an Macht und Kontrolle – und das macht angst. Verständlicherweise, denn bisher war es so, daß die Eltern sich für das Wohl ihrer Kinder verantwortlich fühlten. Sie trauen ihren Kindern aber noch nicht zu, daß sie, die Kinder, vieles schon alleine machen können. Vielmehr wollen sie die «Kleinen» weiterhin beschützen. Dahinter steckt oft noch etwas ganz anderes.

Eltern befürchten, ihre Kinder zu verlieren, was ja irgendwann auch passiert. Diese Angst ist ganz normal, doch vielen Eltern gar nicht bewußt. Und um ihre Kinder nicht zu verlieren, halten sie sie möglichst klein und unmündig und nehmen sie nicht ernst. Auch das ist vielen nicht bewußt – aber es sorgt oft genug für heftige Streits. Wenn du das Gefühl hast, zu Hause oder in deiner Liebesbeziehung nicht ernst genommen zu werden, dann hilft nur eins: darüber reden, denn oft ist dem anderen gar nicht klar, was er oder sie da tut. Und wenn das auch nicht fruchtet, dann ist wohl schon mal ein Donnerwetter

von deiner Seite angebracht – auch wenn das manchmal sehr
schwer ist.

Wir lieben so, wie unsere Eltern es tun

Unsere Eltern beeinflussen unser künftiges Liebesleben, weil wir
die Beziehung unserer Eltern kopieren – unbewußt – in unseren
Liebesbeziehungen. Je nachdem, wie unsere Eltern miteinander
umgehen, ob harmonisch, streitsüchtig, liebevoll, gewalttätig,
gleichgültig, abhängig, überfürsorglich ..., wir übernehmen Teile
davon in unseren Liebesbeziehungen – oft ohne daß wir es merken. Menschen, die nur mit einem Elternteil aufgewachsen sind,
übernehmen auch Einstellungen der Mutter oder des Vaters zum
jeweils anderen Geschlecht. Das ist alles ganz normal und kein
Problem, solange es uns und unseren Partnern gutgeht dabei.
Wenn jedoch jemand in jeder Beziehung, die er eingeht, immer
wieder dieselben Probleme erfährt, dann hilft es vielleicht, sich
auf die Elternbeziehung zu besinnen. Es kann zum Beispiel sein,

179

daß jemand immer an Frauen gerät, die ihn verlassen. Oder er hat dauernd Freundinnen, an die er sich nie richtig binden will. Oder er muß immer die Führungsrolle übernehmen. Wenn etwas immer wieder passiert, sollte man anfangen, in der eigenen Familiengeschichte nachzuschauen.

Nicht immer, wenn uns ein Problem bedrückt, wissen wir die Lösung. Oft drehen wir uns im Kreis, schaukeln die Sache hin und her, beleuchten sie von links und rechts – ohne Erfolg. In solchen Fällen kann es helfen, mit Freunden darüber zu sprechen. Manchmal haben andere eine viel klarere Sicht von den Dingen. Das ist ganz normal, denn sie stecken ja auch nicht mittendrin. Dadurch haben sie die Möglichkeit, die Sache nüchtern zu überblicken und uns einen Ratschlag zu geben. Wer solche Freunde hat, dem ist zu gratulieren.

Nun ist es aber so, daß wir nicht immer alles mit unseren Freunden besprechen wollen. Sei es, daß es uns unangenehm ist, bestimmte Dinge zu erzählen; sei es, daß sich unsere Freunde mit dem Problem, das uns gerade beschäftigt, wenig auskennen; sei es, daß wir nicht so intime Freunde haben. Für all diese Fälle gibt es Beratungsstellen. Dort arbeiten Beraterinnen und Berater, die sich auf einem bestimmten Gebiet gut auskennen: Rechtsfragen, Wohnungsprobleme, Verbraucherinformationen, Berufsweiterbildungen und so weiter.

Berater haben Schweigepflicht – auch gegenüber deinen Eltern

Aber bleiben wir bei Liebe und Sexualität. Die PRO FAMILIA ist eine Beratungsstelle, die es in ganz vielen Städten Deutschlands gibt. Dort arbeiten Psychologen und Sozialpädagogen, die Erwachsene und Jugendliche unter anderem zu allen Problemen mit Liebe, Partnerschaft und Sexualität beraten. Die Berater stehen unter Schweigepflicht. Sie dürfen niemandem – auch deinen Eltern nicht – über dich Auskunft geben oder sagen, daß du da warst. Wenn sie dagegen verstoßen, machen sie sich strafbar.

Man kann sich bei PRO FAMILIA telefonisch Auskunft holen oder persönlich beraten lassen – auch anonym. Für Jugendliche sind die Beratungen kostenlos. Stefan zum Beispiel ist sechzehn und rief bei uns an, weil er ein paarmal mit seiner Freundin geschlafen hatte und keinen hoch bekam. Für ihn war es das erste Mädchen, mit dem er Sex hatte. Und wie hat sie reagiert? Sie hat gesagt, das sei ihr ja noch nie passiert – alle anderen Jungen hät-

ten damit keine Probleme. Kannst du dir vorstellen, wie sich Stefan gefühlt hat? Eben. Und deshalb sind Berater da. Sie hören sich das Problem in Ruhe an und suchen dann gemeinsam mit dem Ratsuchenden nach einem Weg, wie es weitergehen kann, ohne sich die Kugel geben zu müssen. Wir haben Stefan bestätigt, daß es vielen Jungen beim ersten Mal so gehen kann (auch beim zweiten und zehnten Mal) und daß es kein Wunder ist, wenn es nicht klappt, wenn die Freundin so reagiert ... Außerdem haben wir ihm geraten, allein oder mit seiner Freundin in die Beratung zu kommen – manchmal ist es hilfreich, wenn die Freundin gleich mitkommt.

In manchen Fällen ist es besser, wenn sich die Menschen persönlich beraten lassen und nicht am Telefon – und zwar dann, wenn es über eine kurze Information, die jemand haben will, hinausgeht. Wenn jemand wissen will, wie er sich mit AIDS infizieren kann, dann reicht oft eine telefonische Auskunft. Aber bei solchen Konflikten, wie sie Stefan bedrücken, ist es schon besser, wenn wir uns

in Ruhe Auge in Auge unterhalten können. Wir als Berater brauchen den Blickkontakt und einen Eindruck vom Ratsuchenden. So können wir einschätzen, wie der andere mit seiner Körperhaltung und seiner Mimik reagiert – und damit helfen wir ihm besser.

Eine Beratung kann eine Sitzung dauern. Manchmal sind aber auch mehrere Termine nötig, um eine Lösung zu finden. Es kann aber auch sein, daß der Berater eine Therapie vorschlägt. Viele Menschen denken, eine Therapie sei nur etwas für «Verrückte». Das ist aber völliger Quatsch. Wenn du alle Erwachsenen, die du kennst, fragen würdest, ob sie eine Therapie machen oder gemacht haben und sie dir ehrlich antworten würden – du wärst erstaunt, was da rauskäme. Eine Therapie kann sehr hilfreich sein, wenn man ein Problem hat, das immer wiederkehrt, und man das Gefühl hat, ohne Hilfe davon nicht loszukommen. Viele Menschen werden auch alt, ohne daß sie das Problem gelöst hätten – aber warum soll man es sich so schwermachen, wenn es Beratungen und Therapien gibt?

Ein Buch kann keine Beratung ersetzen. Wenn unsere Tips und Hinweise dir nicht weiterhelfen konnten, solltest du dich an eine Beratungseinrichtung wenden.

Wir haben die Adressen und Telefonnummern der Zentralstellen verschiedener Organisationen zusammengestellt; dort kannst du dich erkundigen, wohin du dich in deinem Ort wenden kannst.

→ Arbeiterwohlfahrt
– Bundesverband –
Oppelner Str. 130
53119 Bonn
02 28-6 68 50

→ Deutsche AIDS-Hilfe
Dieffenbachstr. 33
10967 Berlin
0 30-6 90 08 7-0

→ Deutscher Caritasverband
Karlstr. 40
79104 Freiburg
07 61-20 00

→ Deutscher Kinderschutzbund
– Bundesverband –
Schiffgraben 29
30159 Hannover
05 11-3 04 85-0

→ Diakonisches Werk der evangelischen Kirche
in Deutschland
Stafflenbergstr. 76
70184 Stuttgart
07 11-2 15 90

➜ Jugendnetzwerk Lambda

Junge Lesben und Schwule

Rittergut

99955 Lützensömmern

036041-44983

➜ Kinder- und Jugendtelefon

kostenlose Telefonnummer für ganz Deutschland

0800-1110333

➜ PRO FAMILIA

– Bundesverband –

Deutsche Gesellschaft für Familienplanung,

Sexualpädagogik und Sexualberatung e. V.

Stresemannallee 3

60596 Frankfurt

069-639002

Dankeschön!

So ein Buch macht man natürlich nie so ganz alleine. Auch wir drei haben bei *Coole Kerle – Viel Gefühl* Unterstützung und Hilfe von vielen lieben Menschen gehabt, die natürlich nicht vergessen werden sollen. Deshalb bedanken wir uns für Liebe und Geduld, Streicheleinheiten und Tee kochen, gute Tips und aufmunterndes Schulterklopfen, Korrektur lesen und inhaltliche Kritik bei Marc Jakoby, Karsten Munsky, Fee Peipe, Anne Deckert, Lutz Hensel und Sebastian Wirtz und entschuldigen uns für schlechte Laune, stundenlang blockierte Telefonleitungen, mangelnde Aufmerksamkeit und dunkle Ringe unter den Augen. Danke sagen wir auch Niklas Jost, Christoph Niehues und Jürgen Schnell für die fachliche Unterstützung bei *Muskeln und Sport*.

Ganz besonders bedanken möchten wir uns bei den Mädchen und Jungen, die mit viel Engagement und Spaß als Fotomodelle für die Bildern an diesem Buch mitgewirkt haben:

den «Cover Boys» Marcel Busch, Dariusz Jastrzebski, Krystof Maziarz, Carsten Niens und Patrick Schorstein von der Evangelischen Jugend Monheim sowie Conny, Pablo und Peter Rischard; Murad Azouaou, Volkan Grabe, Qalid Ladraa, Wubshet Nekere und Patrick Neto von der Theodor-Litt-Hauptschule in Bonn; Sarah Aust, Torsten Burmeister, Sven Bohnes, Kevin Nave, Hanan Omeirate, Alexandra Steiner und Nurcan Yavuz sowie Ernst Busch und den Mitarbeiterinnen und Mitarbeitern vom Haus der Jugend Lessinghöhe in Berlin-Neukölln; Sven Herrmann und Daniel Schwoboda, Sebastian Pleißner und Sven Raddatz, Alec Crichton und Claudia Pischke, Florian Blumenthal, Thorsten Eder, Ralle von der North-Brigade Köln, Arne Schelp, Semmy H. Stumpp und einem ungenannten New Yorker Streetball-Fan.

Schreib uns!

Deine Meinung interessiert uns. Wir freuen uns natürlich über Lob, davon kann man ja nie genug kriegen. Wir wollen aber auch wissen, wenn du findest, daß wir etwas vergessen haben, wenn du etwas nicht verstanden hast oder dich über etwas geärgert hast in diesem Buch.

Joachim Braun	Bernd Niemann
PRO FAMILIA	PRO FAMILIA
Ansbacher Str. 11	Poppelsdorfer Allee 15
10787 Berlin	53111 Bonn

Joachim Braun, Bernd Niemann, Norbert Steinkamp

Berlin, Bonn, Köln 1997

Joachim Braun, geb. 1960, Diplompädagoge, arbeitet seit 1992 als Sexualpädagoge bei der Pro Familia Jugendberatung Berlin und seit 1997 am Institut für Sexualpädagogik in Dortmund. Er ist ausgebildeter Paar- und Sexualberater/-therapeut, arbeitet hauptsächlich mit Jungen, aber auch mit Paaren, Eltern und Familien und leitet sexualpädagogische Fortbildungen. Mehrere Veröffentlichungen in Zeitungen und Magazinen vor allem zu den Themen Jungen, Jugend, Sexualität.

Bernd Niemann, geb. 1961, Diplompädagoge, arbeitet seit 1988 in der Jugendarbeit und ist als Sexualpädagoge bei der Pro Familia Bonn und am Institut für Sexualpädagogik in Dortmund beschäftigt. Er ist ausgebildeter Gesprächspsychotherapeut und sexualpädagogischer Fortbildungsleiter. Verschiedene Veröffentlichungen zu sexualpädagogischen Themen in Zeitungen und Magazinen.

Norbert Steinkamp, geb. 1960, ist im Erstberuf Dozent für Medizinische Ethik an Schulen und Hochschulen des Gesundheitswesens in Köln. Als Fotograf nahm er an Workshops u. a. bei Harvey Stein (International Center of Photography, New York City) und Will McBride (Fotografie Forum Frankfurt) teil. Er arbeitet für verschiedene Produktionsgesellschaften und Zeitschriften und leitet Fotokurse in der Jugend- und Erwachsenenbildung. Ausstellungen in Köln und Düsseldorf.

Dieter Schnack, geboren 1953, verheiratet, drei Kinder. Diplompädagoge und Journalist. Arbeit in der Erwachsenenbildung und beruflichen Fortbildung. **Rainer Neutzling**, geboren 1959, Soziologe und Journalist, lebt und arbeitet in Köln. Arbeit in der beruflichen Fortbildung zu Fragen männlicher Sozialisation und Sexualität.

Dieter Schnack /
Rainer Neutzling
Die Prinzenrolle *Über die männliche Sexualität*
(rororo sachbuch 9966)
«Zum Glück gibt es hin und wieder Sexual-Bücher, die neue Einsichten und Antworten auf bislang ungeklärte Fragen vermitteln ... Die beiden Autoren schreiben mit einer Leichtigkeit, die hierzulande ebenso selten ist wie als unseriös gilt: Der keineswegs oberflächliche Plauderton, dazu die vielen stimmigen Zitate, die authentischen Fallbeispiele und fiktiven, aber anschaulichen Schicksale erinnern an beste anglo-amerikanische Sachbuchliteratur.»
Psychologie heute

Kleine Helden in Not *Jungen auf der Suche nach Männlichkeit*
(mit kindern leben 8257)
«Trotz aller Kompetenz ist das Buch nicht trocken, sondern ein großer Lesespaß.» *Brigitte*

«Der Alte kann mich mal gern haben!» *Über männliche Sehnsüchte, Gewalt und Liebe*
(rororo sachbuch 60338)

Rainer Neutzling
Herzkasper *Eine Geschichte über Liebe und Sex*
(rororo 13879)
Es geht um die Beziehung zu den Eltern, das Verhältnis zum eigenen Körper, Selbstbefriedigung und die sie begleitenden Phantasien, Gruppendruck, monströse Vorstellungen vom jeweils anderen Geschlecht, das erste Mal, die Erfahrungen danach, Angst vor Schwangerschaft, sich verändernde Freundschaften, Untreue, Eifersucht und heillosen Liebeskummer.

Dieter Schnack /
Thomas Gesterkamp
Hauptsache Arbeit? *Männer zwischen Beruf und Familie*
288 Seiten. Broschiert und als rororo sachbuch 60429
Die Autoren machen Vorschläge, unter welchen subjektiven und gesellschaftlichen Bedingungen Männer die verschiedenen Bereiche ihres Lebens ins Gleichgewicht bringen können.

Dieter Schnack / Rainer Neutzling

rororo sachbuch

Sämtliche Bücher und Taschenbücher zum Thema finden Sie in der *Rowohlt Revue*. Vierteljährlich neu. Kostenlos in Ihrer Buchhandlung.